니체의 초월자
(Übermensch)

작가의 말

　19세기 후반, 유럽은 급격한 변화를 겪고 있었습니다. 산업혁명과 과학기술의 발전, 이성과 경험을 중시하는 새로운 사상이 빠르게 퍼지면서 세상은 이전보다 훨씬 논리적으로 그리고 냉정하게 변했습니다. 인간은 더 이상 전통과 권위에 기대어 살 수 없었기에 스스로 판단하고 결정하며 살아가야 하는 시대가 열린 것입니다.

　이 변화의 한가운데서 프리드리히 니체(1844~1900)는 철저히 개인의 내면으로 시선을 돌린 철학자였습니다. 그는 국가, 도덕, 종교, 문화가 인간을 규정하고 통제하는 방식을 비판했습니다. 그리고 그 안에서 인간이 얼마나 쉽게 타인의 시선과 습관에 길들여지는지를 밝혔습니다. 니체의 철학은 냉소가 아니라 각성의 철학입니다. 인간의 나약함을 숨기지 않았고 그 나약함을 극복할 가능성 또한 인간 안에서 찾았습니다. 니체가 말한 인간은 완성된 존재가 아닙니다. 스스로의 한계를 인식하고 그 한계를 넘어 자신을 다시 빚어내야 하는 존재입니다. 그것이 니체가 말한 자기 극복이며 그 과정을 거쳐 도달하는 인간상이 바로 니체의 초월자(Übermensch)입니다. 초월자는 특별한 사람이 아니라 자기 안의 두려움과 타성, 편안하고 익숙한 것을 뛰어넘는 모든 인간을 뜻합니다.

 세상을 살아가면서 가장 이기기 어려운 상대는 바로 나 자신입니다. 이 글을 읽는 여러분들도 공감하실만한 이야기가 아닐까 합니다. 경쟁과 비교가 만연한 세상이지만 진정한 경쟁은 어제의 나와 하는 것입니다. 진정한 비교 역시 익숙한 것만 고집하는 과거의 나와 하는 것입니다. 니체 철학의 장점은 현실과 동떨어져 있지 않다는 것입니다. 인간의 고통, 불안, 실패를 외면하지 않고 오히려 그것이 인간을 성장시키는 재료임을 보여주었습니다. 나를 죽이지 못하는 고통은 나를 더 강하게 만든다는 한 문장 안에 니체의 철학 전체가 담겨 있습니다. 그의 사상은 우리에게 묻습니다.

"당신은 지금, 타인의 기준이 아닌 자신의 기준으로 살고 있는가?"

물론 니체의 철학은 단순하지 않습니다. 감정을 자극하지도 위로를 주지도 않습니다. 그래서 니체를 읽는다는 것은 단순히 생각을 배우는 일이 아니라 자신을 마주 보는 일입니다. 때로 불편하고 때로 아프지만 그 불편함 속에서 인간은 진짜 자신의 목소리를 듣게 됩니다. 오늘날 우리는 과거보다 훨씬 많은 정보를 가지고 있지만 그 정보 속에서 오히려 더 자주 흔들립니다. 데이터와 속도, 자본과 효율이 기준이 된 시대 속에서 우리는 오히려 "나는 누구인가?"라는 질문에 더 쉽게 길을 잃습니다. 이때 필요한 것은 새로운 지식이 아니라 자기만의 기준과 중심입니다. 니체의 철학은 그 중심을 세우는 법을 가르쳐 줍니다. 이 책은 니체의 주요 저서 『인간적인, 너무나 인간적인』,

『새벽』, 『차라투스트라는 이렇게 말했다』 중 가장 직접적인 통찰을 담은 글들을 엄선해 엮은 것입니다. 원문의 사유를 유지하면서도, 지금 시대의 언어로 다시 풀었습니다.

   니체 철학의 가장 큰 요구는 자기 삶의 주인이 되는 것입니다. 다수의 눈치를 보면서 사는 것이 아니라 스스로의 가치를 세우고 자기 극복으로 나아가는 삶이 바로 초월자(Übermensch)입니다. 자기 정체성과 자기 주도성이 그 어느 때보다 필요한 지금 니체의 철학이 여러분 삶의 중심이 되어주길 간절히 소망합니다. 이제부터 우리 모두 초월자(Übermensch)입니다.

목차

1장
인간, 너무나 인간적인 존재

1. 고독은 자기 삶을 책임진 사람의 몫이다. ------------------------------ 12
2. 잘못된 식습관은 결국 삶 전체를 타락시킨다. -------------------------- 15
3. 재산이 천천히 늘어나는 것을 참지 못하는 조급함이 문제다. -------------- 18
4. 끝까지 버티는 자가 결국 이긴다. ---------------------------------- 21
5. 스스로의 주인이 되지 못하면 어떤 사회 속에서도 노예다. ---------------- 24
6. 욕망을 줄일 때 삶이 가벼워진다. ---------------------------------- 26
7. 아름다움과 추함은 사물이 아니라 우리의 마음속에 있다. ---------------- 28
8. 인생은 짧기에 오히려 더 빛난다. ---------------------------------- 30
9. 남 탓을 자주 하는 삶은 결국 실패한다. ----------------------------- 32
10. 인간은 희생조차 자기만족을 위해서 한다. --------------------------- 35
11. 가장 의심 많은 사람조차도 사랑 앞에서는 무장해제 된다. --------------- 38
12. 자신의 불완전함을 사랑하라. ------------------------------------- 41
13. 진심 없는 사과는 또 다른 기만이다. ------------------------------- 44
14. 진짜 강한 사람은 겉으로 티내지 않는다. ---------------------------- 47
15. 침묵은 무게를 더하지만 과한 말은 무게를 앗아간다. ------------------- 50
16. 화려함만 추구하는 사회는 이미 병들어 있는 것이다. ------------------- 53
17. 말다툼은 이겨도 남는 게 없다. ------------------------------------ 56
18. 부탁은 거절할 수 있어도 고마움을 외면해서는 안 된다. ----------------- 59
19. 두려움을 두려워하지 말라. --------------------------------------- 62

2장
내면의 길을 걷는 자

20. 분노하지 마라. 분노는 타인보다 먼저 자신을 해친다. --------- 66
21. 철학은 인간이 보고 싶어 하지 않는 인간의 민낯을 비춘다. -------- 68
22. 시련을 견디는 한가운데서야 그 시련의 의미가 드러난다. --------- 71
23. 여유가 없는 삶에서는 자신을 바라볼 틈이 없다. ---------------- 74
24. 모든 관계는 변한다. 영원히 같은 자리에 머무르는 우정이나 사랑은 없다. --- 77
25. 폭풍을 헤쳐나가는 뱃사람에게 필요한 것은 노와 돛이다. --------- 80
26. 수면은 뇌가 낮 동안의 긴장을 풀고 휴식을 하는 시간이다. -------- 82
27. 사람은 자신이 보고 싶은 대로 세상을 본다. ------------------ 84
28. 젊음은 환상을 사랑하고 나이 듦은 사실을 사랑한다. ------------ 87
29. 안정이 사라지면 자유가 커지고 자유가 커지면 가능성이 열린다. ----- 90
30. 고통은 선택받은 사람의 징표다. ---------------------------- 92
31. 말보다 침묵이 더 강하다. ---------------------------------- 95
32. 뱀처럼 껍질을 벗어라. ------------------------------------ 98
33. 현실을 직시하려면 냉정해져야 한다. ------------------------- 101
34. 삶은 게으름을 용서하지 않는다. ---------------------------- 104
35. 고통을 이해하려 하지 말고 견뎌라. -------------------------- 106
36. 좋다, 나쁘다는 평가는 인간에게만 통한다. ------------------- 109
37. 너무 완벽하려고 하면 아무것도 시작하지 못한다. --------------- 112
38. 사람은 진실보다 편한 거짓을 더 좋아한다. -------------------- 114
39. 모든 배움에는 대가가 있다. -------------------------------- 117

3장
초월자의 길(Übermensch의 탄생)

40. 절망조차 삶의 증거다. --------------------------------------- 122
41. 모르면 모른다고 말할 용기가 진짜 지성이다. ------------------- 125
42. 나약한 사람일수록 더 시끄럽게 군다. -------------------------- 127
43. 인간은 고쳐지지 않는다. 변한 척할 뿐이다. ------------------- 129
44. 인간은 늘 내 생각을 사랑한다. ------------------------------- 133
45. 지쳐서 도망칠 곳이 필요할 때 사람들은 현실보다 환상을 택한다. -------- 136
46. 모든 일을 계산적으로만 하면 행복을 잃는다. ------------------- 138
47. 인간은 타인을 완전히 알 수 없다. ---------------------------- 141
48. 모든 사람은 자기 자신을 가장 중요하게 여긴다. ---------------- 143
49. 모든 게 의미 없다고 느껴질 때 어떻게 살아야 하는가? ---------- 146
50. 사람을 관찰할 줄 아는 사람은 인생을 덜 힘들게 산다. ----------- 149
51. 똑똑할수록 삶은 외로워질 것이다. ---------------------------- 152
52. 진정한 자유란 자기 자신을 다스리는 것이다. ------------------- 155
53. 고독은 도망치는 자에게는 감옥이지만 용기 있는 자에게는 집이다. ------- 158
54. 진짜 예술은 청중이 없는 곳에서 태어난다. -------------------- 161
55. 무표정한 사람은 이미 감정의 끝까지 갔다 온 사람이다. ---------- 164
56. 내가 사용하는 말을 바꾸면 생각도 달라진다. ------------------- 167
57. 우리가 개를 쓰다듬듯 사람도 그렇게 다룬다. ------------------- 169
58. 모든 인간은 누군가의 우위에 서고 싶어 한다. ------------------ 172
59. 너 자신을 극복하라. 그대 안의 별을 잃지 마라. ---------------- 175

4장
Amor Fati – 고통까지 사랑하라

60. 결핍을 받아들일 때 진짜 매력이 생긴다. ------------------------------ 180
61. 숨을 계속 들이마시기만 하면 질식하듯이 계속 밀어붙이기만 하면
    인간은 부서져 버린다. --- 183
62. 진정한 성숙은 불필요한 것을 버리는 것이다. ------------------------ 186
63. 신이 인간에게 준 가장 잔혹한 선물은 희망이다. --------------------- 188
64. 인간은 자신이 얼마나 약한 존재인지 모른다. ------------------------ 191
65. 사람들은 싫다고 말할 용기가 없다. -------------------------------- 194
66. 인간의 행동은 세 가지 감정이 지배한다. 허영, 습관, 두려움. ----------- 197
67. 자신의 생을 마무리할 시점을 결정하는 것은 궁극의 자유다. ----------- 200
68. 사람은 당장의 이익보다 오래 남는 이익을 생각할 때 비로소 인간이 된다.-- 202
69. 인간은 익숙한 불행에 중독된다. ---------------------------------- 205
70. 살아야 할 이유를 아는 사람은 거의 모든 고통을 견딜 수 있다. ---------- 207
71. 너 자신이 되어라. --- 210
72. 괴물과 싸우는 자는 자신이 괴물이 되지 않도록 조심해야 한다. --------- 213
73. 나를 죽이지 못하는 고통은 나를 더 강하게 만든다. -------------------- 215
74. 모든 위대한 사상은 걸으면서 떠오른다. ---------------------------- 218
75. 사람은 기억보다 망각 덕분에 살아간다. ---------------------------- 220
76. 자존심은 진실보다 더 달콤하다. ---------------------------------- 222
77. 삶을 사랑하라. 그것이 고통이라 할지라도. -------------------------- 225

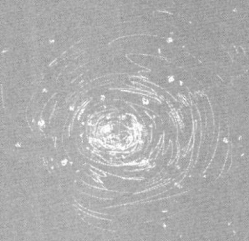

1장

인간, 너무나 인간적인 존재

1

"고독은 자기 삶을 책임진 사람의 몫이다."

 고독은 자기 삶을 책임진 사람의 몫이다. 무리에 섞여 있는 자는 결코 그 무게를 알지 못한다. 언제나 다수의 보호 아래서 안전하다고 느끼며 남들이 가리키는 길을 따라가기에 자신의 길을 걷지 않는다. 그러나 자신의 삶을 스스로 선택하는 자는 홀로 지낼 수밖에 없다. 누구에게도 책임을 떠넘길 수 없고 누구의 핑계도 삼지 않는다. 그야말로 고독한 상황에 놓이는 것이다.

 주체적인 삶을 사는 사람은 늘 외롭다. 그 길은 누구도 함께 걸어주지 않는다. 친구조차 내가 어디로 향하는지 알지 못하며 고통을 대신 나눠주지도 않는다. 위험을 홀로 감수해야 하고 불운과도 혼자 맞서야 한다. 그러나 혹독한 그 길만이 인간을 강하게 만든다. 땅속을 파는 두더지처럼 홀로 파고드는 것이다. 아주 칠흑 같은 어둠 속에서 스스로를 단련한다. 하지만 그 고독은 나를 파괴하지 않고 오히려 나를 견고하게 만든다.

많은 사람이 고독을 병으로 여긴다. 외로움을 피해야 할 감옥처럼 생각한다. 그러나 고독은 자유의 징표다. 남이 대신 걸어주지 않는 길, 스스로 책임져야 하는 길 위에서만 고독이 따른다. 고독을 모르는 자는 자기 삶을 살지 못하는 자다. 고독은 자기가 자신의 삶을 쥐고 있다는 증표다.

인간은 고독을 두려워하고 외로움 없는 삶을 갈망하지만 외로움이 없다면 길도 없다. 편안함 속에 머무는 자는 앞으로 나아가는 것이 아니라 멈춰 서 있는 것이다. 자신의 삶을 책임지는 자는 반드시 고독을 통과해야 한다. 이 고독은 단순한 결핍이나 고통이 아니다. 그것은 언젠가 나의 시대가 다가올 거라는 전조 증상이다. 무리 속에서는 내 모습이 흐려지고 타인의 눈빛에 왜곡된 형상만이 보인다. 그러나 고독 속에서는 나 자신과 마주한다. 숨길 수도 없고 꾸밀 수도 없으며 변명할 수도 없다. 오직 날것의 나와 정면으로 부딪힌다. 고독은 인간을 약하게 만들기도 하지만 동시에 가장 강하게 만들기도 한다. 나약한 자는 무너지지만 강해질 준비가 된 자는 단련되기 때문이다. 주체적인 삶은 선택한 사람은 반드시 고독할 것이다. 그리고 그 짐을 끝내 사랑하는 순간 그 누구도 닿을 수 없는 자기만의 시간을 맞이하게 된다. 고독을 사랑하는 사람만이 비로소 자기 자신이 된다.

2

"잘못된 식습관은 결국 삶 전체를 타락시킨다."

 식탁은 인간의 삶을 드러내는 가장 단순한 무대다. 무엇을 먹는지, 어떻게 먹는지가 곧 그 사람의 삶을 보여주기 때문이다. 그러나 오늘날의 식탁은 과도한 장식과 허영으로 가득하다. 접시는 넘쳐나고 음식은 화려하다. 그것들은 모두 겉모습을 위한 전시품에 지나지 않는다. 배를 채우기보다는 체면을 채우려는 잔치일 뿐이다.

 음식의 과잉은 몸에만 머물지 않는다. 정신을 흐리게 하고 사고를 무겁게 만든다. 위장이 넘치면 두뇌는 느려진다. 과식이 단순한 불편함을 넘어 삶 전체를 타락으로 이끄는 것이다. 실제로 부유층의 식탁은 늘 화려했으나, 그 화려함 뒤에는 권태와 짜증만이 남았다. 화려한 만찬 뒤에서 탄생하는 것은 위대한 작품이 아니라 졸음과 불쾌감이다. 결국 음식을 과잉 섭취하는 것은 삶의 에너지를 빼앗고 또 에너지를 소모시킨다.

사람들이 음식을 먹는 태도는 그 사람 자신의 삶이 반영되어 있다. 식탁에서의 태도가 삶의 태도인 것이다. 음식을 절제하며 먹는 자는 절제된 삶을 산다. 반대로 탐식에 빠진 자는 삶 전체에서도 절제를 잃는다. 자기 욕망을 다스리지 못하며 결국 탐욕의 길로 들어서게 된다. 작은 습관처럼 보이는 탐식이 누적되면 인생 전체를 병들게 한다.

매일 과도한 음식을 섭취하는 자를 떠올려 보라. 그가 단순히 건강을 잃는 것에서 끝나겠는가? 집중력도 잃고 사고의 힘마저 잃는다. 그는 일이나 관계에서 성실할 수 없게 된다. 건강의 문제는 결국 삶의 모든 부분에 침투하기 때문이다. 한 사람의 식습관이 그의 성격과 사고, 나아가 삶의 태도까지 결정한다.

필요 이상으로 자신의 돈을 과시하기 위한 도구로 식탁 위의 음식을 사용하고는 한다. 잔치는 권력이나 지위를 나타내는 것이 아니라 오직 돈이 그 자리를 대신한다. 돈을 식탁 위에 직접 올려둘 수 없으니 화려한 음식이 그 역할을 대신하는 것이다. 화려한 음식은 결국 공허한 삶을 상징한다.

잘못된 식습관은 건강을 해치고, 정신을 흐트러트리고, 한 사람의 삶을 타락시킨다. 음식은 단순한 영양이 아니라 삶 전체를 비추는 거울이다. 음식을 다스리지 못하는 자는 삶을 다스릴 수 없다. 입의 탐욕을 다스리지 못하는 자는 삶 전체의 탐욕 앞에서 거절할 수 없다. 음식을 절제하지 못하면 자신의 삶도 절제하지 못한다.

--- 3 ---

"재산이 천천히 늘어나는 것을 참지 못하는 조급함이 문제다."

많은 이들이 돈을 모으기 위해 고된 노동을 감수한다. 그러나 노동의 고됨보다 더 큰 고통은 기다림이다. 눈에 보이지 않는 속도로 쌓여가는 재산을 바라보며 사람들은 초조해진다. 오늘은 조금 늘었지만 내일은 크게 불어나지 않는 속도가 마음에 들지 않는다. 바로 이 불만이 인간을 조급하게 만든다. 사람들은 재산이 천천히 늘어나는 것을 견디지 못한다.

부족하지 않은 삶, 먹고 마시는데 아무런 문제가 없는 삶을 살면서도 돈이 불어나는 속도가 더디다는 이유로 불행을 느낀다. 그 불행은 실재하는 결핍이 아니라 끝없는 조급함에서 비롯된다. 이 조급함이야말로 병이다. 이미 충분히 가지고 있는 사람도 예외는 없다. 배가 고프지 않고, 집이 있으며, 물건이 부족하지 않아도 단지 재산이 불어나는 속도가 늦다는 이유만으로 불안해한다. 더디게 쌓이는 부가 결핍처럼 보인다.

돈은 원래 천천히 쌓인다. 땅은 계절을 따라 열매를 맺듯, 재산도 시간이 흘러야 불어난다. 인간은 이 계절을 기다리지 못한다. 열매를 재촉하며 나무를 흔들어 열매를 떨구려 한다. 그 조급함이 결국 가지를 부러뜨리고 나무를 병들게 하는 것이다. 부를 재촉하는 인간은 자신의 삶이 병드는 줄도 모른다. 조급함은 현재를 갉아먹기 때문이다. 오늘의 만족을 외면하고 내일의 기대만을 붙잡는다. 그러나 그 내일은 결코 오지 않고 내일이 오더라도 그때 또 다른 불만이 생긴다. 돈이 불어나는 속도는 언제나 늦고 언제나 불충분하다.

반대로 인내하는 자는 다르다. 그는 속도를 받아들인다. 돈이 천천히 불어난다고 해서 삶이 늦어지는 것은 아니라고 믿는다. 현재를 살며 현재의 만족을 누린다. 부는 결과이지 전부가 아니다. 속도가 늦더라도 삶은 여전히 충만할 수 있다. 돈이 늦게 모이는 것은 불행이 아니다. 오히려 그 늦음을 견디는 힘이 인간을 강하게 만든다. 부가 늦게 쌓이는 것은 자연의 법칙일 뿐이다. 그것을 받아들이지 못하는 것이 병이다. 부는 시간에 따라 쌓이고 삶은 그 기다림 속에서 익어간다. 조급한 자는 늘 불안하지만 인내하는 자는 이미 자유롭다. 재산이 쌓이는 속도는 전혀 문제가 되지 않는다. 원래 돈은 늦게 모이는 것이다.

4

"끝까지 버티는 자가 결국 이긴다."

 삶에서 절대 피할 수 없는 것이 있다면 무엇이 떠오르겠는가? 바로 고통이다. 고통은 삶의 필연이다. 그 누구도 피할 수 없는 것이며 누구에게나 차례로 찾아온다. 그러나 고통이 우리를 무너뜨리기 위해서 찾아오는 것은 아니다. 고통 속에서 무너지는 이유는 버티지 못하기 때문이다. 고통 속에서 버틴다는 것은 쉬운 일이 아니다. 그렇기에 인내가 힘의 척도가 되는 것이다. 아무나 버틸 수 없기 때문이다. 폭풍은 언제나 약한 가지부터 꺾는다. 바람이 몰아치면 잎사귀는 흩날리고 줄기가 약한 나무부터 부러진다. 그렇다면 누가 버티겠는가? 뿌리를 깊게 내린 나무다. 흔들릴 수는 있어도 쓰러지지 않는다. 인간의 삶도 마찬가지다. 시련은 누구에게나 오지만 끝까지 버티는 자만이 살아남는다. 살아남은 자만이 결국 승리를 거둔다.

인내는 단순히 참고 견디는 것이 아니다. 삶의 무게를 온몸으로 받아들이는 일이다. 사람들은 흔히 인내를 수동적인 힘으로 생각하지만 실상은 그 반대다. 인내는 능동적인 힘이다. 삶의 압력을 온몸으로 받으면서도 흔들리지 않고 버티는 것은 강자만이 가능한 일이다. 오히려 버티는 것보다 포기하는 것이 쉽다. 버티는 것이 훨씬 어렵다.

역사의 기록에서도 그 증거를 찾을 수 있다. 수많은 민족과 왕국이 흥망을 거듭하는 동안 일부는 오랫동안 버텼다. 그들의 무기는 화려한 검이 아니라 인내였다. 추방과 박해, 멸시와 굴욕 속에서도 꺾이지 않는 자들만이 존엄을 지켜냈다. 자연에서도 증거를 찾을 수 있다. 작은 씨앗은 처음에는 아무도 눈여겨보지 않는다. 그러나 작은 씨앗은 버틴다. 비가 적게 내려도, 햇볕이 뜨거워도, 바람이 매서워도 뿌리를 내린다. 수년이 지나면 그 뿌리는 바위를 갈라내고 마침내 작은 싹은 나무로 자란다. 약해 보이는 씨앗이 결국 바위를 이긴다. 그것이 버팀의 힘이다.

우리의 삶에도 같은 법칙이 작동한다. 학문을 익히는 일, 기술을 배우는 일, 관계를 이어가는 일, 어느 것 하나 인내 없이 이루어지지 않는다. 잠시 불타는 열정만으로는 끝까지 갈 수 없다. 길을 완주하는 자는 언제나 버틴 자다. 많은 이들이 포기하는 순간에도 한 걸음 더 내디딘 사람만이 목적지에 닿는다. 운동을 시작하는 사람은 많지만 끝까지 이어가는 사람은 적다. 악기를 배우는 이는 많지만 몇 해가 지나도 연주를 계속하는 이는 드물다. 글을 쓰기 시작하는 사람은 수없이 많지만 끝내 책을 완성하는 사람은 극소수다. 이유는 단 하나다. 버티지 못했기 때문이다. 처음은 누구나 할 수 있지만 끝까지 버티는 것은 다른 영역이다. 인내는 고독을 요구할 것이다. 때로는 타인의 조롱, 주변의 무관심, 가까운 이들의 불신조차 감당해야할 것이다.

승리는 재능의 것이 아니다. 재능은 빠르게 빛날 수 있으나 오래 타오르지 못한다. 승리는 인내의 것이다. 고통을 견디고 시간을 견디고 불안을 견디는 자만이 결실을 본다. 인내 없는 결실은 없다. 버티는 자는 쓰러지지 않는다. 버티는 자는 끝내 도착한다. 버티는 자는 결국 이긴다. 인내는 삶의 가장 큰 무기다.

5

"스스로의 주인이 되지 못하면 어떤 사회 속에서도 노예다."

노예를 떠올리면 어떤 모습이 떠오르는가? 쇠사슬에 묶여 있거나 타인의 명령을 복종하는 사람이 떠오르는가? 그렇지 않다. 진정한 노예는 자기 자신을 지배하지 못하는 자다. 외형상 자유인처럼 보일 수 있지만 높은 임금을 받거나 좋은 사회 제도 속에 산다고 해도 달라지지 않는다. 자기가 스스로의 주인이 되지 못하면 여전히 노예다.

스스로의 주인이 되지 못한 자는 늘 외부에 의존한다. 누군가가 정해준 규칙과 지시 없이는 움직이지 못한다. 자기 선택의 힘이 없기 때문이다. 겉으로는 자유로운 시민이라고 불려도 실상은 타인의 명령과 타인의 기준에 매여 산다. 자유는 타인이 주는 선물이 아니다. 진정한 자유란 내가 나를 다스리는 것이다. 욕망을 절제하고 충동을 통제하는 것. 삶의 방향을 자기 손으로 정하고 가슴의 소리를 따르는 것. 이것이 자기 지배다. 자기 지배 없는 자유는 공허할 뿐이다.

노예는 주인이 없는 상태를 견디지 못한다. 명령을 받지 않으면 불안해한다. 그 불안 때문에 언제나 새로운 주인을 찾는다. 하지만 주인이 바뀌어도 여전히 노예라는 사실은 변하지 않는다. 단지 다른 손에 자신이 묶여 있을 뿐이다. 자기 절제를 모르는 사람의 끝은 보지 않아도 뻔하다. 술이나 쾌락, 타인의 인정에 얽매여 자기 삶을 스스로 결정하지 못하고 살 것이다. 자기 욕망의 노예이자 타인의 평가의 노예다.

그렇다면 스스로의 주인이 된다는 것은 무엇인가. 자유인은 자기 안에 주인을 세운다. 스스로의 규칙을 만들고 그것을 지켜낸다. 사회가 바뀌고 권력이 바뀌고 환경이 바뀌어도 그는 흔들리지 않는다. 외부가 아닌 내부가 자신의 삶의 중심이기 때문이다. 타인의 눈치를 보지 않고 자기 삶의 방향을 스스로 정한다. 자기 자신을 다스리지 못하면 어떤 환경에서도 해방될 수 없다. 자유란 권리의 문제가 아니라 자기 지배의 문제다. 자기 안에 주인이 없는 자는 늘 타인의 명령을 찾게 된다. 내가 나의 주인이 되지 못하면 어디서도 노예다. 노예의 쇠사슬은 바깥에 있는 것이 아니라 내 안에 있다.

6

"욕망을 줄일 때 삶이 가벼워진다."

삶이 무거운 이유는 대개 단순하다. 필요 없는 것을 스스로 모두 쥐고 있기 때문이다. 손에 들린 짐은 많아 보이지만 정작 꼭 필요한 것은 그다지 많지 않은 것과 똑같다. 사람은 불필요한 것을 내려놓지 못한다. 내려놓지 못하기에 삶은 무겁다. 욕망은 본래 단순하다. 목마르면 물을 원하고 배고프면 음식을 원한다. 그러나 인간은 필요를 넘어서 더 좋은 맛, 더 화려한 옷, 더 넓은 집을 원한다. 그렇게 불필요한 것을 계속 붙잡을수록 삶은 두껍고 무거워진다.

욕망을 줄이는 순간 삶은 달라진다. 딱 나에게 필요한 만큼만 원하면 삶이 한결 가볍다. 많은 소유는 편안함을 주는 듯 보이나 실제로는 관리하는 것에서 오는 피로와 불안을 동반한다.

수많은 물건을 하나씩 관리한다는 건 절대 쉬운 일이 아니고 가진 것이 많기 때문에 언제 잃을까 싶어 훨씬 더 두려워진다. 적게 가지면 단순해지고 단순함 속에서 평온이 찾아온다.

  욕망을 줄인다는 것은 결핍을 선택하는 것이 아니다. 오히려 더 충만해지는 것이다. 불필요한 것을 내려놓으면 남아 있는 것의 가치가 오히려 선명해진다. 한 개의 빵이 진짜 배고픔을 채워주듯, 한 사람의 우정이 많은 관계보다 더 깊은 의미를 준다. 욕망을 줄이는 것을 손해라 생각하지 말라. 패배도 아니다. 욕망을 줄이는 것은 오히려 회복이다. 필요한 것만 남았을 때 삶은 가볍고 선명하기 때문이다.

  삶을 가볍게 하고 싶다면 필요한 만큼만 원하라. 과한 소유는 삶을 무겁게 만들고 절제된 소유는 삶을 가볍게 한다. 욕망을 줄이면 짐이 줄어들고 짐이 줄어들면 삶은 가벼워진다.

7

"아름다움과 추함은 사물이 아니라 우리의 마음속에 있다."

 사람들은 흔히 사물 그 자체에 아름다움이나 추함이 깃들어 있다고 생각한다. 그러나 깊이 들여다보면 그렇지 않다. 꽃이 아름답다고 말할 때, 그 아름다움은 꽃 그 자체에 있지 않다. 그것을 바라보는 우리의 시선과 감정 속에 있다. 어떤 이는 한 송이의 장미를 보고 환희를 느끼지만 다른 이는 가시에 찔렸던 기억을 떠올린다. 같은 장미가 한 사람에게는 아름다움이고 한 사람에게는 불쾌함이다. 장미의 성질은 고정되어 있는데 말이다. 추함도 마찬가지다. 폐허가 된 건물을 보고 어떤 이는 두려움을 느끼지만 또 다른 이는 그 안에서 역사의 무게를 발견한다. 똑같은 잔해가 누군가에게는 기피 대상이 되고 누군가에게는 감탄의 대상이 되는 것이다. 인생이란 본래 그것을 해석하는 우리의 마음이 만들어낸 그림자일 뿐이다.

이 통찰은 우리 삶에 그대로 적용된다. 어떤 사람은 소박한 시골길을 걸으며 아름다움을 느낀다. 다른 사람은 화려한 도시의 불빛 속에서만 감탄을 한다. 똑같은 풍경이 누군가에겐 지루함이고 다른 누군가에겐 기쁨이다. 차이는 사물이 아니다. 감각하는 주체의 마음에 있다.

세상은 본래 아름답지도 추하지도 않다. 세상은 단지 우리가 빛깔을 덧입히는 무대일 뿐이다. 내가 마음을 열면 사소한 것에서도 아름다움을 본다. 그러나 마음이 닫히면 가장 화려한 것에서도 추함을 느낀다. 사물은 거울일 뿐, 그 안에 비친 것은 나의 내면이다.

8

"인생은 짧기에 오히려 더 빛난다."

　많은 사람이 오래 사는 것이 곧 행복이라 믿는다. 끊임없이 이어지는 시간 속에서 자신이 계속 존재하기를 바란다. 그러나 그것이 정말로 축복일까? 영원한 삶이 과연 살아갈 만한 삶일까? 봄이 특별한 것은 겨울이 있기 때문이다. 여름의 무더위가 있기에 가을의 바람이 선선하게 느껴지는 것이다. 계절이 변하지 않는다면 봄의 온화함도 가을의 선선함도 느끼지 못한다.

　삶의 아름다움은 무엇에서 비롯되는가? 유한함이다. 많은 사람이 영원을 원하지만 끝이 없으면 감각은 무뎌지고 아무것도 소중해지지 않는다. 시간이 정해져 있으면 언젠가는 끝난다는 것을 알기에 순간을 붙잡고 의미를 찾게 된다. 만약 그 무엇에도 끝이 없다면 모든 순간은 동일해진다. 동일해진다는 건 무의미해진다는 것이다. 오늘이든 내일이든 영원히 반복된다면 무슨 의미가 있겠는가. 짧다는 것은 한계가 있다는 것이고 그 한계가 삶을 더 빛나게 만든다.

유한함은 책임을 부른다. 끝이 있으므로 지금 선택해야 하고, 지금 행동해야 한다. 모든 것을 할 수 있다는 착각 속에서는 아무것도 하지 않게 되지만 제한된 시간 안에서는 우선순위를 정하면서 더 선명한 삶을 만든다. 영원한 삶은 달콤한 약속처럼 들리지만 실상은 삶의 긴장을 없애는 독이다.

끝을 두려워 할 필요가 없다. 끝은 삶을 망치지 않는다. 청춘은 오래 지속되지 않기에 오히려 더 애틋한 것이며 모든 관계는 다시 홀로의 삶으로 돌아가기에 함께 있을 때 소중한 것이고 인생이란 결국 끝나기 때문에 지금 하루가 소중한 것이다. 삶이 아름다운 이유는 반드시 끝나기 때문이다.

9

"남 탓을 자주 하는 삶은 결국 실패한다."

 삶이 무너질 때 인간의 습관 중 하나는 이유를 찾는 것이다. 자신에게 고통이 찾아온 이유나 원인을 찾고 싶어 한다. 사람들은 종종 그 책임이나 이유를 밖에서 찾는다. 운명을 탓하고 환경을 탓하고 주변 사람을 원망한다. 하지만 원망을 한다고 해서 무엇이 달라지겠는가? 원망은 절대로 쓰러진 자를 일으켜 세우지 못한다. 남을 탓하는 자는 언제나 자신을 방치하고 방치된 자는 끝내 몰락한다. 남을 원망하는 태도는 그 어떤 고통도 덜어주지 않는다. 오히려 고통을 더 깊게 새긴다. 원망은 처음에는 외부를 겨누지만 결국은 자기 자신을 갉아먹기 때문이다. 원망하는 눈으로 세상을 바라보면 올바르게 바라보지 못하고 현실을 왜곡한다. 남 탓은 현실을 바꾸는 힘이 아니라 스스로를 병들게 하는 독이다.

삶이란 언제나 자신과의 대결이다. 책임을 외부로 돌리는 순간 대결을 포기한 셈이 된다. 스스로의 몫을 감당하지 않는 자가 자신의 삶에 주인이 될 수 있겠는가? 늘 종속된 자로 남으며 내면의 힘을 잃는다. 내면의 힘을 잃은 자는 아무리 오래 살아도 그 삶은 실패로 귀결된다. 좌절 속에서 그 어떤 것도 배우지 못하기 때문이다.

생각해 보라. 우리가 누군가를 피하게 될 때 그 사람은 보통 남 탓을 하는 사람이다. 남을 탓하는 자의 주변은 자연스럽게 탁해진다. 불만과 원망은 공기처럼 퍼져 타인에게까지 영향을 미친다. 그런 사람 곁에 있으면 나도 같이 원망이 쌓이고 침울한 분위기에 잠긴다. 그런 곳에서는 창조와 생명력이 살아날 수가 없다. 남을 탓하는 사람은 언제나 자신으로부터 달아난다. 고통을 직면하지 못하고, 불운을 감당하지 못한다. 원망하는 마음은 처음에는 위안을 주는 듯 보이지만 자기 자신을 허약하게 만들 뿐이다.

자기 몫을 짊어지는 자는 어떤가? 그는 고통을 외부에 떠넘기지 않는다. 자신에게 일어난 일을 겸허히 받아들이고 그 속에서 원인을 찾는다. 그 태도가 힘을 만드는 것이다. 한번 싸워서 이겨 본 사람은 두 번째 싸움도 이길 수 있다. 하지만 한 번 패배한 사람은 두 번째 싸움에서도 패배한다. 자신과의 싸움이란 그런 것이다. 남 탓을 하지 않는 사람은 고통이 그를 무너뜨리지 못하고 오히려 그를 단단하게 만든다.

원망은 인간은 병들게 하고 책임은 인간을 일으켜 세운다. 남을 탓하는 사람의 눈은 흐려지지만 자기 몫을 감당하는 사람의 눈은 날카로워진다. 원망으로 사는 자는 삶 전체가 탁해지고 책임으로 사는 자는 삶이 빛난다. 나의 고통을 외부에 떠넘기지 말라. 그건 스스로 나약함의 길로 들어가는 것이다. 고통을 받아들이라. 피할 수 없는 고통은 나를 단단하게 만들 뿐이다.

―――― 10 ――――

"인간은 희생조차 자기만족을 위해서 한다."

　희생은 과연 고귀한 것일까? 한번 생각해 볼 필요가 있다. 사람들은 흔히 희생을 고귀하다고 부른다. 자신을 내어주는 행위는 언제나 칭송받는다. 그러나 그 말은 절반만 진실이다. 희생은 겉으로는 포기의 얼굴을 하고 있지만, 그 속에는 자기만족의 쾌감이 숨어 있기 때문이다. 인간은 희생도 자기만족을 위해서 한다.

　희생하는 자는 얼핏 보기에 자신을 소멸시키는 듯 보이지만 실제로는 자신을 더 키우고 있는 것이다. 남을 위해 무언가를 쓰고 남을 위해 무언가를 바쳤다고 말하면서 동시에 '나는 위대한 존재다'라는 확신에 젖는 것이다. 마치 자신이 영웅이된 것 같은 착각에 도취한다. 자신은 포기하고 양보하고 희생했다고 말하면서 사실 자신을 고양시키는 것이다. 사람들은 누구나 자신의 삶이 특별하길 원한다. 그래서 자신을 바치는 순간, 단순히 타인을 위해 무언가를 내어주는 것이 아니라 스스로 자신이 의미 있는 존재라는 확신을 얻는다.

진짜 희생은 이런 도취와 다르다. 아무도 보지 않는 자리에서 아무런 감동도 황홀함도 없이 이루어진다. 거기에는 도취나 만족이 없다. 스스로 위대하다고 느끼는 순간조차 없다. 오히려 침묵 속에서 담담하게 자신을 희생한다. 그 어떤 대가를 바라지도 않는다. 누군가의 존경이나 자기 자신에게 위안을 주기 위해서 하는 것이 아니기 때문이다. 하지만 이런 진정한 희생은 지루하기에 대부분은 열정적인 희생을 택하고 그 안에서 자기 자신을 즐긴다.

희생도 구분할 필요가 있다. 열정적인 희생, 눈물과 환희로 포장된 희생은 대부분 자기만족이다. 그러나 아주 드물게, 인간은 어떤 도취도 없이 자신을 내어놓는다. 그때 비로소 희생은 진짜가 된다. 오히려 차갑고 담담하지만 무색함 속에 진짜 자기 포기가 담겨 있다. 진짜 희생은 극히 드물다. 그러나 그 드문 가능성이 인간을 위대하게 만든다. 대부분 자기만족을 위해서 희생하지만 가끔은 그 만족조차 버리고 스스로를 지워버리는 사람들이 있다. 희생은 대가를 바라지 않을 때 비로소 의미를 가진다.

11

"가장 의심 많은 사람조차도
사랑 앞에서는 무장해제 된다."

사랑은 언제나 아름답게 포장된다. 사랑을 힘이라고 부르고, 삶을 지탱하는 원동력이라고 말하지만 사랑은 다른 의미에서 더 큰 힘을 가진다. 사랑은 인간을 가장 무력하게 만드는 힘이 된다.

평소에 의심이 많고, 누구에게도 쉽게 마음을 열지 않던 사람이 유일하게 무장해제 되는 것은 바로 사랑 앞에서다. 평생 동안 쌓아온 방어가 한순간에 무너진다. 사람을 믿지 않던 사람이 어느 순간 한 사람 앞에서는 모든 것을 믿게 된다. 의심이 많고 상처가 많은 사람에게 사랑은 인생에서 찾아온 놀라운 예외가 된다. 그러나 이 예외는 그를 강하게 만들지 않는다. 오히려 그를 가장 약하게 만들 뿐이다.

　마치 높은 성벽이 단숨에 허물어지는 것과 같다. 성벽 안에서 안전하게 살던 사람은 이제 바람과 비에 그대로 노출된다. 상처가 많은 자는 의심이 많기에 평소에는 누구도 쉽게 침범하지 못한다. 그러나 사랑에 빠진 순간 그는 스스로 문을 열고 상대를 들인다. 이때가 가장 위험하다. 상대가 그를 지켜줄 수도 있지만 상처를 남길 수도 있다. 사람들은 사랑이 인생을 지탱하는 힘이라고 부르지만 사랑은 가장 달콤한 순간에 가장 깊은 불안을 심는다. 감정의 절정은 동시에 추락의 시작이 되기도 하기 때문이다. 행복이 크면 클수록 그것을 잃을까 하는 두려움도 커진다. 사람은 사랑을 통해 삶에서 가장 충만한 기쁨을 얻지만 그 기쁨은 언제나 상실을 동반한다.

　평소라면 냉정하게 헤아렸을 상황도 사랑에 빠진 순간에는 판단을 흐리게 만든다. 작은 무관심에도 흔들리고 사소한 친절에도 지나친 의미를 부여한다. 자존심 강한 사람조차 상대의 기분을 살피며 평소 같으면 감내하지 않았을 일에도 자신을 낮추는 건 오직 사랑 앞에서다. 사랑이 없다면 인간은 차갑게 버틸 수 있지만 사랑을 경험한 순간 인간은 가장 약해진다. 사랑은 언제나 두 얼굴을 지닌다. 하나는 충만한 행복이고 다른 하나는 절망의 가능성이다. 그 둘은 언제나 함께 움직인다. 행복이 클수록 상실의 두려움도 커진다. 가까울수록 더 상처받는다.

사랑은 인간은 무장해제시키는 가장 위험한 힘이다.

12

"자신의 불완전함을 사랑하라."

정말 단 하나의 상처도 없이 완벽한 대칭을 이루고 있는 사과를 보면 무슨 기분이 들겠는가? 마치 그림으로 그린 듯이 빨간 사과를 보면서 아름답다는 생각에 빤히 바라보게 될 것이다. 하지만 이상하게 손을 뻗어 만지려고 하면 머뭇거리게 될 것이다. 완벽한 존재는 흠잡을 곳이 없지만 그 흠 없음을 바라보는 순간 오히려 거리감을 느낀다. 흠이 없기에 감탄할 수는 있어도 다가갈 수는 없다. 매끈하고 빈틈없는 존재는 친근하지 않다.

불완전함은 인간다움의 증거다. 작은 실수, 서투른 말투, 불균형한 성격, 쉽게 드러나는 감정, 어떤 상처들. 바로 이런 것이 사람을 진짜 인간으로 만든다. 완벽하게 계산된 태도와 결점 없는 모습은 처음에는 인상적일 수 있으나 오래 머물지는 못한다. 그 속에서 살아있다는 느낌을 받지 못하기 때문이다. 불완전함은 공감을 낳는다. 타인의 약점에서 우리는 자기 자신을 본다.

누군가가 더듬거리고, 주저하고, 상처 입고 흔들리는 모습을 볼 때 친근함을 느낀다. 어떤 사람을 향해 끌리는 것은 그가 결코 숨기지 못하는 작은 결함일 때가 많다. 완벽한 사람을 모방하고 싶어 할 수는 있지만 결국 마음을 열고 다가가는 것은 불완전한 사람이다.

불완전함은 장점을 더 돋보이게 한다. 어둠이 있어야 빛이 드러나듯 결점이 있기에 미덕이 더 뚜렷해진다. 거칠고 불안정한 사람이 한순간 보이는 진지함은 큰 울림을 준다. 늘 침착한 사람의 냉정함보다, 흔들리던 사람이 보여주는 단단함이 더 매혹적으로 다가온다. 완벽하게 계산된 연설보다 어눌한 고백에 마음이 움직이는 것도 그 때문이다. 완벽한 연주보다, 순간의 실수와 떨림이 섞인 연주에서 진짜 감정을 느끼는 것도 그 때문이다. 완벽한 것은 이미 완성되어 더 이상 나아갈 길이 없다. 그러나 불완전한 존재는 계속 변할 수 있고 그 변화를 통해서 성숙한다. 인간의 이야기는 불완전함에서 시작되고 그 불완전함을 넘어서는 과정에서 만들어진다. 바로 이 끝나지 않는 과정을 우리는 인간답다고 부른다.

그러나 대부분의 사람들이 자신의 불완전함을 부끄러움으로 여긴다. 흠을 감추려 하고 약점을 가리려 한다. 예술가가 결점을 작품 속에서 오히려 강렬한 대비로 활용하듯, 인간은 자신의 약점을 받아들이면서 그것을 통해 장점을 돋보이게 만들고 더 나은 사람으로 나아가야 한다. 불완전한 곳이 있다는 것은 내가 더 나은 사람으로 초월할 수 있는 가능성이 있다는 뜻과 똑같다.

흠이 있기에 아름다운 것이 인간이다. 불완전함은 인간을 인간답게 만드는 조건이다. 불완전함을 거부하지 말라. 그것은 단순한 결핍이 아니라 매혹의 시작이자 변화의 기회다. 완벽은 닫혀 있으나 불완전함은 열려 있다. 인간은 완벽하기 때문이 아니라 불완전하기 때문에 살아 있고 성장한다. 실수하고 넘어지고 깨지고 다치고 상처받고 흔들리며 사는 것이 삶이다.

―――――――――― 13 ――――――――――

"진심 없는 사과는 또 다른 기만이다."

 사람들은 잘못을 저지른 뒤 쉽게 미안하다고 말한다. 그 한마디로 모든 것이 정리될 거라 믿는다. 때로는 눈물을 흘리고 스스로를 책망하고 무릎까지 꿇으며 자신의 진심을 증명하려 한다. 정작 상처받은 사람은 여전히 같은 고통 속에서 머무는데 말이다. 말이 아무리 절절해도 이미 벌어진 일은 사라지지 않는다.

 사과는 타인을 위한 행위처럼 보이지만 실상은 자기 자신을 위한 선택일 때가 많다. 잘못을 저지른 사람은 스스로의 죄책감을 견디지 못해 사과한다. 상대의 용서를 바라기보다 자신의 마음을 가볍게 하고 싶어서 사과를 하는 것이다. 사과가 끝나면 홀가분해지고 다시 관계를 회복한 듯 스스로를 위로한다. 하지만 피해자는 그 장면에서 또 다른 상처를 받는다. 가해자가 자기 비난을 늘어놓는 동안 피해자는 오히려 그 모습을 지켜봐야 하는 새로운 짐을 짊어지는 것이다.

진심 없는 사과는 위로가 아니라 또 다른 기만이다. 스스로는 죄책감에서 벗어나고 있다고 믿지만 상대의 상처는 여전히 남아 있고 심지어 그 상처는 사과라는 이름으로 덧씌워져 더 복잡해진다. 피해자는 이제 그만 잊으라는 압박을 느끼고 가해자는 나는 최선을 다했다는 자기 위안 속에 안주한다. 그 간격에서 진짜 치유는 멀어진다. 잘못을 만회하는 길은 오직 행동뿐이다. 파괴된 것은 말로 복귀되지 않는다. 잃어버린 신뢰는 말로 되돌아오지 않는다. 시간이 필요하고 옳은 행동의 반복이 필요하다. 잘못을 바로잡고자 한다면 말보다 먼저 행동이 변해야 한다. 상대가 상처 입은 것을 직접 고쳐 줄 수 없다면 적어도 같은 잘못을 반복하지 않고 올바른 행동을 계속하겠다는 꾸준한 증거를 보여야 한다. 그것이 유일한 속죄다.

사과는 변화의 시작일 수 있다. 그러나 그것이 끝이 되어서는 안 된다. 진정으로 사과를 하려면 반드시 그 뒤에 행동이 따라야 한다. 말은 쉽게 사라지지만 행동은 남는다. 상처는 단숨에 치유되지 않지만 올바른 변화를 증명하는 삶은 결국 상대의 마음에도 흔적을 남긴다. 말은 가볍지만 행동은 무겁다. 진짜 속죄는 말이 아니라 행동으로 증명된다.

14

"진짜 강한 사람은 겉으로 티내지 않는다."

 진짜 강한 사람은 겉치레가 필요 없다. 힘은 본래 안에 있는 것이지 외부의 장식으로 꾸며내는 것이 아니기 때문이다. 겉으로 위엄을 꾸미는 자는 오히려 자신이 가진 불안을 가리려는 자다. 겉치레는 약자의 방패다. 느린 걸음부터 진지한 표정, 복잡하게 돌려 말하는 어투, 자신이 가진 것을 자랑하는 본능까지 이 모든 것은 근엄함처럼 보이지만 실상은 마음의 소심함을 덮어두려고 연기하는 것이다. 상대가 자신을 존중하게 만들 자신이 없기 때문에 억지로 두려움을 불러일으키는 것이다.
 반대로 진짜 강한 사람은 아무 장식도 필요하지 않다. 목소리를 꾸미지 않아도 무게가 있고 태도를 과장하지 않아도 사람들을 움직인다. 가진 것을 자랑하고 과시하지 않아도 알아서 사람들이 주변에 머문다. 진짜 강한 사람의 힘은 자기 자신에 대한 확신에서 나온다. 그렇기에 그는 정직하게 말할 수 있고 솔직하게 행동할 수 있는 것이다. 강한 사람은 자신을 숨길 필요가 없다. 겉치레로 존경을 사려는 자는 존경을 얻더라도 일시적이다. 두려움이나 과장으로 세운 권위는 언젠가 무너진다. 사람들은 처음에는 근엄한 외양에 주눅이 들지만 곧 그 안이 비어 있다는 사실을 알아차린다. 본질이 없는 힘은 존경을 낳지 못한다. 시간이 지나면 오히려 조롱의 대상이 된다. 그러나 강한 사람의 존경은 시작은 미미할지 몰라도 시간이 지날수록 훨씬 더 깊어진다. 조용히 있어도 주변은 그의 기운을 느끼고 말이 적어도 그의 한마디는 더 무겁게 들린다. 자신을 크게 보이려는 욕망이 없기 때문에 오히려 크게 보이는 것이다.

결국 강한 사람과 약한 사람의 차이는 여기서 갈린다. 약한 자는 존경을 흉내 내려 하고, 강한 자는 존경을 받으려고 애쓰지 않는다. 약한 자는 두려움을 팔아 권위를 세우지만 강한 자는 두려움조차 이용하지 않는다. 약한 자는 자신이 가진 것을 과시하지만 강한 자는 굳이 자신이 가진 것을 과시하지 않는다.

사람들이 결국 누군가를 따르는 것은 겉치레가 아니라 본질이다. 누군가가 지나치게 자신을 꾸미거나 과시한다면 경계하

라. 그는 자신의 약점을 숨기고 쟁취하고 싶은 것이 명확히 있는 비겁하고 교활한 사람일 수 있다. 꾸미지 않아도 무게가 느껴지는 자가 진짜 강한 사람이다. 진짜 강한 사람은 겉으로 티 내지 않는다.

--- 15 ---

"침묵은 무게를 더하지만
과한 말은 무게를 앗아간다."

어떤 사람의 진짜 성격을 볼 수 있는 건 여러 가지가 있다. 그중 가장 좋은 지표가 바로 말이다. 많은 사람이 말을 통해 자신의 지혜와 힘을 증명하려 한다. 그러나 침묵은 무게를 더하지만 과한 말은 무게를 앗아간다. 사람은 말로 자신을 드러내지만 동시에 말로 자신을 가볍게 만들기도 한다. 말은 무기를 쥔 손과 같다. 절제하면 존중을 얻지만 남용하면 오히려 자신을 해친다.

어떤 이는 만나면 늘 말을 쏟아낸다. 그는 상대를 설득하고 싶어 하지만 오히려 말의 홍수 속에서 신뢰를 잃는다. 모든 문제에 즉시 대답하려 애쓰고 대화를 독점하려고 할 것이다. 처음에는 능숙해 보이고 지적 소양이 풍부한 것처럼 보이겠지만 끝내 아무것도 남기지 못한다. 반대로 말수가 적고 신중한 사람은 처음에는 답답해 보일지 몰라도 시간이 지나면 오히려 그의 말에 귀를 기울이게 된다. 필요할 때만 말하고 말하지 않아도 스스로를 보여줄 수 있음을 무언으로 계속 보여주고 있기 때문이다. 침묵은 단순한 말의 부재가 아니라 신뢰를 쌓는 힘이다. 침묵이 주는 무게는 단순히 말을 하지 않는데서 오는 것이 아니다. 침묵은 절제의 표시이며 절제는 내면의 힘을 드러낸다. 깊은 생각이 없는 사람은 침묵을 견디지 못한다. 사고가 단단한 사람은 침묵을 두려워하지 않는다. 오히려 침묵 속에서 사유는 더 깊어진다. 이때의 침묵은 공허한 고백이 아니라 집중과 기다림의 공간이 된다.

말의 양뿐만 아니라 말의 속도 역시 사고의 깊이를 드러낸다. 빠르게 쏟아내는 말은 재치 있어 보일 수 있지만 곧 피상적이라는 인상을 남긴다. 사람들은 빠른 속도의 언변보다 숙고 끝에 나온 한마디에서 더 큰 신뢰를 느낀다. 깊이 있는 사람의 언어는 늘 약간의 간격을 둔다. 그 간격이 바로 생각의 흔적이고 그 흔적이 듣는 사람에게 무게감으로 다가오는 것이다. 과한 말은 결국 자기 자신을 소모할 뿐이다. 말을 남발하면 그 순간에는 존재감을 드러낼 수 있지만 시간이 흐를수록 가벼운 사람으로 기억된다. 많은 사람 앞에서 자신의 무게를 스스로 팔아치운 셈이다. 반면 침묵을 지킬 줄 아는 사람은 시간이 갈수록 무게가 쌓인다. 사람들은 그를 기억 속에서 점점 더 신뢰하게 되고 그의 한마디를 기다리게 된다.

말은 적을수록 속도는 느릴수록 좋다. 말은 그 사람을 드러내는 척도다. 어떤 단어를 선택하는가. 어떤 어조로 말하는가. 얼마나 절제하는가. 그 모든 것이 결국 한 사람의 내면을 보여준다. 아무리 태도를 꾸미고 화려한 것으로 자신을 감싸도 결국 한 사람의 깊이는 말에서 드러나게 되어 있다. 무게 없는 사람은 어떤 수를 써도 가벼워질 수밖에 없다. 말은 단순한 소리가 아니라 그 사람의 본질을 드러내는 척도이기에 깊이가 있는 자는 말이 짧아도 무겁고 깊이가 없는 자는 말이 길어도 가볍다. 말만큼 그 사람의 내면을 가장 잘 보여주는 것도 없다.

16

"화려함만 추구하는 사회는
이미 병들어 있는 것이다."

사회가 얼마나 병들었는지를 알려면 화려함에 대하는 자세를 보면 된다. 화려함만 추구하는 사회는 이미 병들어 있다. 겉으로 반짝이는 것들은 눈부실 수 있지만 그 속은 텅 비어 있는 경우가 대부분이다. 화려함이 기준이 되는 순간 본질은 사라지고 인격의 토대는 흔들리기 시작한다.

단순함을 부끄러워하는 사회는 위험하다. 단순한 옷차림, 단순한 생활, 단순한 태도를 천박하다고 여기는 사회는 이미 가치가 뒤집혀 있는 것이다. 꾸밈은 일시적인 찬란함을 준다. 그러나 그것이 미덕의 자리를 대신할 때 사회는 타락으로 들어선다. 화려함이 존중을 얻는 순간 진실과 정직은 뒷자리로 밀려난다. 꾸민다는 것은 외부의 눈을 의식한다는 것이다. 화려한 복장이 필요한 것은 남에게 보이기 위해서다. 연극의 화려한 의상도 결국 관객을 전제로 하지 않는가. 겉치레만 남은 사회는 사람들을 계속해서 타인의 시선에 묶어두고 내면의 힘을 약화시킨다. 화려한 무대 속 허약한 인간이 되는 것이다.

빛나는 장식이 가리는 것은 본질이다. 사람들은 화려함에 눈이 멀어 쉽게 현혹된다. 단순하고 정직한 태도는 촌스럽다며 외면하고 겉만 번지르르한 모습은 높이 평가한다. 이런 사회에서는 아무리 많은 장식이 있어도 신뢰가 없다. 사람들은 서로의 눈속임을 알기에 겉으로는 존중하는 척하지만 속으로는 경멸한다. 겉으로는 가장 화려하지만 인간 사이에 유대관계는 가장 멀어진 상태가 바로 화려함을 추구하는 사회다.

단순함은 힘이다. 단순하게 산다는 것은 소신대로 사는 것이다. 눈길을 끄는 화려함에 기대 사람들의 인정을 구걸하지 않고 자신의 신념과 태도를 지키는 것이다. 단순한 삶은 지나치게 많은 것을 추구하지 않는다. 끝없는 소유와 욕망은 결국 삶을 무겁게 만들고 삶을 허망하게 만든다. 필요한 것만 붙들고 나머지를 내려놓는 태도가 단순함의 본질이다. 단순하게 산다는 것은 타인의 시선을 의식하지 않은 채 자신의 욕망을 다스릴 수 있다는 것이다. 외부의 시선에 얽매이지 않는 독립이며 자신의 소신을 지키는 일관성이다. 단순하게 사는 사람은 오히려 남들이 자신을 어떻게 보든 흔들리지 않지만 병든 사회는 이런 단순함을 무시한다. 화려한 것을 성공이라고 치켜세운다.

병든 사회의 징후는 언제나 같다. 사람들은 진짜를 비웃고 가짜를 숭배한다. 단순한 진실보다 번지르르한 허상을 택한다. 그런 사회는 이미 방향을 잃었다. 화려한 것을 추구하고 꾸밈으로 자신을 지탱하는 사회는 오래가지 못한다. 자신의 소신 없이 사는 사회는 반드시 스스로 무너지기 때문이다. 화려함만 추구하는 사회는 이미 병들어있다. 진짜 힘은 절제 속에 있다.

17

"말다툼은 이겨도 남는 게 없다."

흔히 사람들은 다툼에서 승패가 나뉜다고 생각한다. 하지만 진실은 다르다. 특히 말다툼은 이겨도 남는 것이 아무것도 없다. 논쟁에서 자신의 옳음을 증명하려 애쓰지만 끝내 손에 쥐는 것은 승리가 아니라 허무다. 말다툼은 진실을 드러내는 듯 보이지만 결국은 감정만 상하고 끈질김만 남는다.

말다툼으로는 상대를 설득할 수가 없다. 상대가 나를 설득할 수도 없다. 다툰다는 것은 두 사람의 마음에 분노와 증오가 가득 찼다는 뜻이다. 그 상황에서 타인의 생각이 내 마음으로 들어오겠는가? 분노와 증오는 마음을 단단히 굳게 만든다. 다투는 동안 서로의 생각은 더 굳건해지고 자기 생각에 더 매달린다. 한쪽이 이긴 것처럼 보일 수 있겠으나 그것은 상대가 지쳐서 침묵을 택한 것일 뿐, 절대 그의 마음이 움직인 것은 아니다. 설득은 일어나지 않고 감정은 더 깊어져 있고 오히려 벽은 더 높아져 있다. 이겨도 얻는 것은 아무것도 없다.

말다툼의 끝은 결국 관계를 잃는 것이다. 순간의 승리를 위해, 자신의 생각을 상대방에게 설득 시키기 위해 내뱉은 말은 상대의 자존심을 무너뜨리고 관계를 갈라놓는다. 자신의 생각을 강하게 관철했을지 몰라도 사람은 잃는다. 시간이 흐르면 서로에게 남는 것은 앙금뿐이다. 말다툼이 공허한 이유는 그것이 결코 문제의 본질을 해결하지 못하기 때문이다. 다투는 순간은 뜨겁지만 그 열기가 문제를 해결하고 있는 것은 아니다. 문제는 여전히 해결되지 않고 상대는 여전히 자신의 생각 위에 서 있는다. 논쟁은 소란을 만들 뿐 결론을 만들지 않는다.

스스로에게 물어봐도 답이 나오지 않는가? 누군가와 말다툼을 할 때 내가 말을 멈추는 것은 상대의 주장에 설득당해서가 아니다. 지쳐서다. 더는 다툼을 하고 싶지 않기 때문에 멈추는 것일 뿐이다. 말다툼으로 누군가의 생각을 강하게 받아들이게 된 적이 있는가? 말다툼은 서로 소모만 될 뿐이다. 목소리를 높이고, 에너지를 쓰고, 감정을 낭비하지만 남는 것은 아무것도 없다. 시간이 지나면 말은 사라지고 결국 남는 것은 고집뿐이다.

말다툼은 패자와 승자 둘 다 공허하다. 말다툼을 멈추는 순간에서야 우리는 알게 된다. 진짜 승리는 다투지 않는데 있다는 것을. 논쟁은 진실을 밝히지 못하고 감정만 상하게 한다. 끝없는 언쟁 뒤에 남는 것은 앙금뿐이다. 말다툼은 이겨도 남는 게 없다.

18

"부탁은 거절할 수 있어도 고마움을 외면해서는 안 된다."

인간이 가지고 있는 권리 중 하나는 부탁을 거절할 권리다. 부탁이란 강요가 아니기에 수락은 언제나 자신의 자유에 따라 결정해야 한다. 다른 이의 요청이 내 삶을 무너뜨릴 만큼 과중할 수도 있고 내가 감당하기 어려울 수도 있다. 그럴 때 아니라고 말하는 것은 잘못이 아니다. 오히려 자신을 지키기 위해 반드시 필요한 선택이다. 부탁을 무조건 받아들여야 한다는 강박은 나 자신을 잃게 만드는 것이다. 자유롭지 못한 수락은 미덕이 아니라 약점이고 스스로에게 못된 짓을 저지르는 것과 똑같다.

그러나 감사함은 다르다. 누군가가 나에게 고맙다고 말할 때 그것은 하나의 선물이다. 그 선물을 차갑게 거절하거나 건성으로 받는 것은 단순한 무례가 아니라 상대의 마음을 거절하는 것이다. 부탁은 내가 선택할 문제지만 감사는 상대방이 건넨 마음이다. 그 마음을 외면하는 순간 관계는 금세 무너진다.

종종 이런 장면을 목격한다. 어떤 이의 부탁을 들어주고 나서, 별일 아니라며 상대의 감사를 밀쳐낸다. 겸손해 보이려는 표현일 수 있다. 그러나 듣는 이는 자신의 마음이 무시된 듯한 서운함을 느낀다. 감사를 표현하는 사람이 바라는 것은 은혜의 과장이 아니라 단순히 마음이 받아들여졌다는 사실이다. 감사의 인사가 거절당하는 순간 자신이 보낸 선물이 바닥에 떨어진 것과 같은 허망함을 경험한다. 부탁을 거절하는 것은 나를 지키는 일이지만 감사를 거절하는 것은 상대의 마음을 상하게 하는 일이다. 부탁은 다시 할 수 있다. 그러나 감사의 인사는 다시 꺼내기가 어렵다. 한 번 차갑게 거절당한 감사는 상대의 가슴에 깊은 상처로 남는다. 부탁과 감사는 전혀 다른 층위에 놓이는 개념이다. 누군가의 감사함을 받아들인다는 것은 거창한 일이 아니다. 고맙다는 말에 저도 감사하다고 진심을 담아 응답하는 것이다. 그것만으로도 상대는 자기 마음이 존중받았다고 느낀다.

부탁은 내 의지대로 수락하거나 거절할 수 있다. 그것은 완벽한 선택의 자유다. 그러나 누군가의 고마운 마음을 전달받는 순간, 인간 사이에는 보이지 않는 다리가 놓인다. 감사의 수용은 예의다. 부탁을 거절할 용기와 감사를 받아들이는 겸손이 함께 할 때, 인간관계는 단단해진다.

19

"두려움을 두려워하지 말라."

두려움은 나약한 감정처럼 느껴질 것이다. 인간이 두려움을 갖는 것은 단순히 나약함의 표시가 아니라 자신을 지키려는 깊은 감각의 발현이다. 두려움을 느낀다는 것은 위험을 의식한다는 것이다. 두려움이 없다면 인간은 이미 오래전에 사라졌을 것이다.

두려운 것을 마주하면 눈이 커진다. 보이지 않던 위험을 감지하게 하고 숨은 징후를 읽게 한다. 숲속에서 작은 소리가 들릴 때 두려움은 그저 몸을 움츠리게 하는 감정이 아니다. 위험의 가능성을 경계하고 준비하게 만드는 신호다. 동물과 달리 인간은 그 두려움을 단순히 반사적으로 느끼는데서 멈추지 않고 사유로 연결한다.

"무엇이 나를 위협하는가?", "어떻게 피해야 하는가?" 두려움은 질문을 만들고 그 질문은 나를 구한다.

두려움은 살아남기 위한 본능의 세련된 형태다. 무모하게 달려드는 용기는 한순간의 힘을 보여줄 수 있으나 오래 지속되지 못한다. 두려움은 멈추고 숨을 고르게 하며, 발걸음을 늦추고 주변을 살피게 한다. 이것이야말로 인간을 오래 버티게 한 힘이다. 준비할 시간과 선택할 시간과 스스로를 다잡을 시간을 준다. 두려움을 느끼지 못하는 사람은 무모하다. 위험을 보지 못하기에 돌진하기 때문이다. 위험을 자각하지 못하는 자는 용감한 것이 아니라 어리석은 것이다.

두려움은 위험이 있다는 신호를 알아차리는 것이기에 절대 나를 무너뜨리는 것이 아니다. 두려움을 외면하거나 그것에 휘둘리지 않는다면 두려움만큼 나를 지켜주는 것은 없다. 위험을 의식하는 순간 나는 내가 가진 힘과 한계를 마주한다. 두려움은 나에게 물을 것이다. "감당할 수 있겠는가?" 이 질문은 회피하는 자에게는 족쇄가 되지만 정직하게 응시하는 자에게는 성장의 계기가 된다. 두려움을 직시하고 넘어설 때 비로소 자기극복이 시작된다. 인간은 두려움을 통해 더 멀리 보고, 더 깊이 사유하며, 더 단단히 살아남는다. 두려움을 두려워하지 말라.

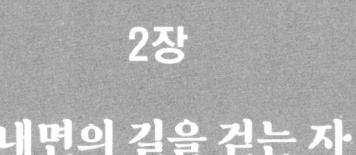

2장

내면의 길을 걷는 자

20

"분노하지 마라.
분노는 타인보다 먼저 자신을 해친다."

분노는 얼핏 보기에 타인을 향한 감정처럼 보인다. 그러나 인간이 분노에 휘둘리는 순간 이미 자기 자신을 잃어버린다. 외부를 향해 폭발하는 것처럼 보이지만 가장 먼저 무너지는 것은 분노한 자의 내면이다. 분노는 상황을 있는 그대로 보지 못하고 왜곡한다. 순간의 열기에 사로잡혀 모든 것을 적으로 돌리고 사실보다 감정에 더 크게 흔들린다. 분노는 적을 무너뜨리는 것이 아니라 자기 판단과 이성을 무너뜨린다. 타인에게 상처를 입히기 전에 이미 자신이 먼저 망가지는 것이다. 위협 앞에서 동물은 이빨을 드러내고 울부짖는다. 분노는 본능의 영역이다. 인간의 힘은 본능을 그대로 따르는데 있지 않다. 인간은 본능을 의식하고 다스릴 때 더 높은 존재가 된다. 분노에 자신을 내맡기는 것은 동물로 퇴행하는 일이다.

목소리가 높아지고 몸이 뜨거워지는 순간 힘이 느껴질 것이다. 그러나 그 힘은 마치 불꽃처럼 금세 꺼지고 남는 것은 잿빛 허무다. 분노한 상태로 뱉는 말은 상대를 기분 상하게 할 수 있지만 결국 더 깊은 상처가 자기 마음에 남는다. 분노한 상태에서 어떤 말을 뱉고 후회한 적이 없는가? 분노한 상태에서 어떤 행동을 하고 후회한 적이 없는가? 상대방에 대한 미안함이 아니라 스스로에 대한 부끄러움이 느껴지지 않았는가? 후회와 수치, 자기 자신에 대한 무력감을 느낄 것이다. 분노는 적을 찌르는 창이 아니라 자신을 향하는 칼이기 때문이다.

자기 감정을 다스리지 못하는 자는 진정으로 자신의 삶에 주인이 될 수 없다. 분노는 스스로의 통제권을 포기하는 것이다. 분노가 느껴졌을 때 당장 표현하는 것과 그것을 잘 억누르고 이성으로 대처하는 것. 둘 중 무엇이 더 어렵겠는가? 자기 자신을 다스릴 줄 아는 자만이 진정으로 자유롭다. 분노하지 마라. 분노는 결코 타인을 무너뜨리는 무기가 되지 못한다. 분노는 약자의 무기다. 강한 자는 평정을 지키고 분노를 다스림으로써 더 큰 힘을 드러낸다. 인간의 위대함은 분노의 불길에서 나오지 않는다. 오히려 그 불길을 제어하는 절제에서 나온다. 분노는 타인보다 자신을 먼저 해친다.

―――― 21 ――――

"철학은 인간이 보고 싶어 하지 않는 인간의 민낯을 비춘다."

 인류는 수천 년 동안 같은 질문을 되풀이해 왔다. 인간의 뿌리는 무엇인가? 인간은 스스로를 고귀하다고 믿고 싶어 한다. 이타적 행위, 숭고한 감정, 진리에 대한 열망을 자랑스럽게 내세우지만 그 시작이 무엇이냐고 물으면 아무도 대답하지 못한다. 철학은 가려진 민낯을 여지없이 보여준다.

 우리는 이성이 인간을 인간답게 만든다고 생각하지만 인간이 처음부터 이성적인 존재는 아니었다. 사람은 본래 충동적이고 제멋대로 행동하며 본능에 끌려 움직이는 존재였다. 그렇게 혼란스럽게 살아가던 가운데 조금씩 반복되는 경험 속에서 질서를 세우기 시작했다. 단순히 욕망을 따라 행동하는 대신, "이렇게 하면 더 안전하다. 저렇게 하면 덜 고통스럽다."라는 식으로 조금씩 발전한 것이다. 그 과정에서 이성이 생겨났다. 인간은 진리를 사랑한다고 하지만 진리 역시 오류와 착각을 거치지 않고는 도달할 수 없다. 수없이 잘못된 길을 걸으면서 조금씩 맞는 길을 찾는다. 무수한 오류를 거쳐야만 조금씩 정답에 가까워지는 것이다. 숭고함이라고 불리는 가치도 뿌리는 비천하다. 예를 들어 정의를 위해 싸운다고 외칠 때, 그 밑바닥에는 권력을 얻고자 하는 욕망이 숨어 있다. 사랑이라는 감정의 깊은 곳에도 소유와 지배의 충동이 자리한다. 겉으로는 가장 고귀해 보이지만 실은 가장 낮고 본능적인 땅에서 자라난 것이다.

철학은 이 모든 것을 해체하는 작업이다. 마치 화학자가 향수를 분석하면 결국 드러나는 원료들은 단순한 것들인 것처럼 철학은 인간을 해체해 그 속의 본능적 재료를 드러낸다. 사람들은 이 사실을 인정하고 싶어 하지 않는다. 누구도 자신이 욕망과 오류, 본능과 탐욕으로 이루어져 있다는 것을 직시하고 싶어 하지 않기 때문이다. 그래서 철학을 배우는 일은 불편하다. 그 불편함을 감수하지 않는다면 인간은 영원히 환상 속에 머물게 된다.

철학을 배운다는 것은 스스로의 민낯을 보는 훈련이다. 자신이 숨기고 싶었던 동기, 본능, 욕망을 마주하는 일이다. 철학은 우리를 위로하지 않는다. 그러나 철학을 통해서만 우리는 진짜 인간이 무엇인지 알 수 있다. 철학은 인간을 칭송하지 않지만 대신 인간이 숨겨온 본성을 끝까지 드러낸다. 철학은 불편하고 때로는 비인간적으로 느껴진다. 하지만 오직 철학만이 우리 자신이 누구인지 알려줄 것이다. 철학은 위로가 아닌 직면이다. 그 직면에서만 인간은 비로소 진짜 자신을 알게 된다.

---- 22 ----

"시련을 견디는 한가운데서야
그 시련의 의미가 드러난다."

 아주 혹독한 시련을 처음 마주할 때 인간은 당혹한다. 왜 지금 이 일이 일어나는지, 무엇을 의미하는지 전혀 알 수 없기 때문이다. 시련은 언제나 해답 없는 질문처럼 다가온다. 그리고 그 시련의 깊이가 깊을수록 훨씬 더 인간을 깊은 수렁에 빠트린다. 불시에 찾아와 계획을 깨뜨리고 내가 가지고 있는 모든 것을 앗아간다. 해결해야 하는 문제는 늘어나고 관계는 깨지고 기존의 상식은 허물어지고 건강까지 악화될 것이다. 때로는 그 앞에서 몸을 움츠리거나 회피하려 하지만 도망친다 해도 시련은 다른 모습으로 다시 찾아온다.

 고통 속에서는 아무런 의미가 보이지 않는다. 한 걸음도 내

딛기 힘든 시간 속에서 인간은 단지 버틸 뿐이다. 그러나 시간이 흘러 삶의 한가운데에 다다르면 그때 비로소 시련이 어떤 의미였는지를 깨닫는다. 그 고통은 무의미한 낭비가 아니었다. 앞으로 남은 인생을 다르게 살아갈 혜안을 얻기 위한 과정이었던 것이다. 삶은 직선이 아니다. 우회와 지연, 반복과 모순으로 가득하다. 한쪽에서는 만족을 얻지만 다른 쪽에서는 좌절을 맛본다. 같은 사건 속에서도 기쁨과 슬픔이 뒤섞이고, 욕망과 환멸이 교차한다. 그 모순된 경험과 깊은 시련이야말로 우리가 성장하는 토대다. 단순히 기쁨만 얻고 적당한 고통만 얻었다면 성숙해지지 못했을 것이다. 나를 흔들 만큼의 큰 고통이 찾아와야 내가 바뀐다.

젊은 시절의 고통은 이해되지 않는다. 단지 불행처럼 보인다. 그러나 나이가 들고 점점 더 문제가 해결되기 시작할 때 문득 깨닫는 것이다. 내가 겪었던 그 모든 시련이 없었다면 지금의 삶도 없었다는 것을. 그제야 자신이 걸어온 우회와 굴곡이 하나의 길이었음을 알게 된다. 삶의 본질은 시험이다. 그러나 그 시험은 단번에 답을 요구하지 않는다. 오히려 정답을 오랫동안 천천히 요구한다. 경험을 하고 때로는 퇴보하고 지독한 시련 속에서 해결해야 하는 문제를 마주한다. 해결해야 하는 문제의 깊이는 점점 더 깊어질 테지만 시련의 의미는 고통의 순간에 주어지지 않는다. 비로소 시간이 흘러야 진정한 가치가 드러난다.

시련은 단순한 고난이 아니다. 그것은 미래가 우리에게 내린 새로운 기회다. 지금의 나를 바꾸고 다른 삶으로 통과하기 위한 하나의 길인 것이다. 자신이 지나온 모든 시련은 하나의 사다리다. 그 단을 밟아야만 올라갈 수 있는 곳이 있다. 고통이 우리를 무너뜨리기 위해 오는 것은 아니다. 시련이 삶을 방해하려고 찾아오는 것도 아니다. 다음 단계로 오르도록 밀어붙이기 위해서 찾아오는 것이다. 성장하기 위해서는 반드시 직면해야 할 시련들이 있다.

---------- 23 ----------

"여유가 없는 삶에서는 자신을 바라볼 틈이 없다."

끊임없이 바쁘게 움직이는 자의 하루는 언제나 촉박하게 흘러간다. 일을 좇고, 의무를 감당하며, 사람들과 부딪히며 살아간다. 그가 쉬지 않고 앞으로만 나아갈수록 점점 멀어지는 것이 있다. 자기 자신을 되돌아보는 시간이다. 눈은 세상을 향하고 몸도 세상을 향하지만 마음은 자신을 잃는다. 여유가 없는 삶은 자기 성찰의 기회를 빼앗긴다.

고대의 현인들은 고요를 사랑했다. 그 고요 속에서만 인간은 자기의 소리를 들을 수 있기 때문이다. 시끄러운 일상과 쉼 없는 노동은 언제나 타인의 요구와 외부의 압력에 의해 결정된다. 그러나 사유는 정반대다. 사유는 오직 자기만의 시간 속에서 자라난다. 여유가 없으면 인간은 자기의 영혼을 볼 수 없다.

영혼은 늘 속삭이지만, 바쁜 자의 귀에는 그 목소리가 닿지 않는다. 자신을 바라본다는 것은 단순히 지나온 일을 되돌아보는 것이 아니다. 나는 누구인가. 나는 어디로 가는가. 인생이란 무엇인가 같은 질문을 던지는 일이다. 이 질문은 서두르는 마음으로는 감당할 수 없다. 준비되지 않은 정신은 질문의 무게를 견디지 못한다. 여유가 필요한 것도 그런 이유 때문이다. 여유 속에서 인간은 비로소 자기 자신을 하나의 문제로 바라보고 삶에 대한 고찰을 이어갈 수 있다.

삶에는 수많은 일이 얽혀 있다. 욕망은 우리를 바깥으로 밀어내고, 필요는 우리를 끌어당긴다. 그러나 그 모든 움직임 속에서 잠시 멈추지 않는다면 결국 내가 나를 모르는 상태로 인생이 흘러가게 된다. 바쁜 자는 세상에서 무언가를 이루는 듯 보이지만 끝내 자기 자신에 대해서는 아무것도 알지 못한다. 타인의 눈에는 유능해 보일지 모르나 자기 자신은 텅 비어 있다. 고대인들이 말한 otium, 즉 한가함은 단순한 놀이나 나태가 아니다. 그것은 자기 자신을 되돌아볼 수 있는 가장 고귀한 조건이다. 아무것도 하지 않는 순간에도 정신은 늘 일을 한다. otium의 순간에서야 정신은 자신의 과거를 정리하고, 현재를 성찰하며, 미래를 내다본다. 여유는 게으름이 아니라 성찰의 공간이다. 스스로를 알지 못하는 삶은 어떤 모습인가? 타인의 기대와 세상의 요구에 따라 살 뿐, 자기 안에서 무엇을 원하는지는 모른다. 하루하루를 채우지만 그 속에는 중심이 없다. 외부의 소음은 가득한데 내면의 목소리는 침묵한다. 그렇게 자기와 멀어지는 것이다.

자신을 바라본다는 것은 고통스러운 일이다. 왜냐하면 그 속에서 우리는 진짜 얼굴을 마주하기 때문이다. 그러나 여유가 없다면 그조차 불가능하다. 고통스럽더라도 자기 자신을 보는 시간만이 인간을 인갑답게 만든다. 삶의 가장 큰 가치는 물질이 아니라 시간이다. 시간을 가졌을 때만 인간은 자기와 마주할 수 있기 때문이다. 여유 없는 삶은 성취를 쌓는 듯 보이지만 사실은 자기를 잃어버린 삶이다. 내가 지금 이 글을 쓰고 있는 것도 1886년 어느 화창한 봄이다. 나에게 이 화창함과 한가로운 시간이 없었다면 사유를 할 수 있었겠는가? 시간과 여유가 생기면 제일 먼저 해야 하는 것은 나 자신을 되돌아보는 일이다. 시간과 여유가 생기지 않으면 어떻게 해서든 그 시간을 마련해야 한다. 여유가 없는 삶에서는 자신을 바라볼 틈이 없다. 그 틈이 사라진 곳에서 인간은 자기 자신을 잃고 세상의 그림자 속에 묻혀버린다.

24

**"모든 관계는 변한다.
영원히 같은 자리에 머무르는
우정이나 사랑은 없다."**

인간은 흔히 세상을 고정된 무엇으로 믿고 싶어 한다. 한 번 찾은 정답으로 인생을 살아가길 원하고 한 번 얻어낸 지식으로 평생을 살아가길 원하고 한 번 맺은 관계가 절대 깨지질 않길 바란다. 친구는 영원히 친구이고, 사랑은 결코 변하지 않는다고 말한다. 이 믿음은 허상이다. 영원한 본질은 없다. 모든 것은 변하고 인간관계도 그 법칙을 벗어나지 않는다. 관계는 인간 그 자체처럼 흐르고 변하며 끊임없이 새롭게 형성된다. 모든 것이 진화하고 소멸하는 것과 같은 원리인 것이다. 절대적 진리와 영원한 사실이 없듯 절대적인 관계와 영원한 사랑도 없다.

관계는 시간이 흐르며 다른 얼굴을 띤다. 함께 웃던 자리가 점차 줄어들고 대화의 무게가 달라지고 어느 순간에는 더 이상 같은 길을 걷지 않는다. 우리는 그 변화를 배신 혹은 타인에 대한 원망으로 느끼지만 그것은 단지 삶이 움직이고 있다는 증거일 뿐이다. 고정된 관계는 없다. 우정이란 늘 변형되고 재구성된다. 관계는 인간이 살아가는 시간 속에서만 존재한다. 다시 말하면 시간이 변하면 관계도 변한다는 것이다. 인간은 순간마다, 어떤 나이마다, 특정 상황마다 전혀 다른 존재가 된다. 오늘의 나는 어제의 나와 같지 않다. 내가 변하는 만큼 나를 마주한 타인도 변한다. 따라서 관계가 변하는 것은 자연스러운 귀결이다. 그것을 거부하는 일은 시간의 흐름 자체를 거부하는 것과 같다. 흔히 변하지 않는 관계를 갈망하는 것은 현실을 부정하려는 욕망일 뿐이다. 관계가 변하지 않는다면 오히려 그것은 죽어 있는 것이다. 살아 있는 관계는 반드시 변한다.

함께 있던 자가 멀어지고 친밀했던 자가 낯설어지며 깊이 사랑했던 자가 더 이상 사랑의 대상이 되지 않는 순간이 온다. 관계의 변화에서 상실의 고통을 느끼지 말라. 살아 있기 때문에 상실한 것이고 살아 있기 때문에 죽은 것이다. 변화를 인정하지 못하는 자는 영원히 변치 않는다는 거짓 약속에 집착하여 현실이 무너질 때마다 더 깊은 절망에 빠진다. 반대로 변화의 법칙을 받아들이는 자는 상실 속에서도 자유롭다. 관계의 흐름을 삶의 일부로 받아들이며 변화와 단절을 배신이 아니라 필연으로 이해한다. 인간은 모두 다른 길을 걷는다. 함께하던 길이 갈라지는 순간도 오고 다시 만나 교차하는 순간도 온다. 우정이 멀어진다고 해서 그 우정이 거짓이었던 것은 아니다. 관계가 깨진다고 해서 그 시간이 허망했던 것도 아니다. 그것들은 그때의 삶 속에서 충분히 진실했다. 시간이 지나며 형태를 바꾼 것뿐.

변화 없는 관계를 갈망하지 말라. 그것은 돌로 된 꽃을 찾는 것과 같다. 살아있기에 시들고 시들었기에 다시 피어나는 것이 관계다. 모든 관계는 변한다. 영원히 같은 자리에 머무르는 우정이나 사랑은 없다. 그러나 그 변화를 받아들일 때 오히려 함께 있는 시간이 더 소중해진다. 관계를 가장 진실한 것으로 받아들이는 순간은 모든 관계는 결국 변한다는 사실을 받아들였을 때다.

25

"폭풍을 헤쳐나가는 뱃사람에게 필요한 것은 노와 돛이다."

삶은 종종 폭풍처럼 몰아친다. 예기치 않은 고난이 닥치면 평소에 세워둔 계획이나 멋진 말들은 힘을 잃는다. 그 순간 나를 살려주는 것은 머릿속의 이론이 아니라 당장 쥘 수 있는 도구다. 뱃사람이 거센 파도 앞에서 물의 성분을 따질 여유가 없는 것처럼 인간도 시련 앞에서는 구체적인 힘이 필요하다. 사람은 때때로 먼 미래의 가능성이나 보이지 않는 약속에 기대어 산다. 그러나 폭풍 속에서는 그런 약속이 우리를 지켜주지 못한다. 희망이라는 말은 좋게 들릴 수 있지만 그것만으로는 거센 바람을 막을 수 없다. 살아남기 위해서는 손에 잡히는 노가 있어야 하고 바람을 잡아내는 돛이 있어야 한다.

우리가 현실에서 붙잡을 수 있는 것들은 때론 단순하다. 나 자신, 지금 당장 할 수 있는 일, 몸을 일으켜 다시 시작하는 굳은 의지 같은 것이다. 그것들은 화려하지 않고 때로는 보잘것없어 보이지만 오히려 그런 것들이 삶의 고난을 극복하게 해준다. 고난은 나에게 묻는다. 무엇을 붙잡을 것인가? 그 질문 앞에서 허황된 꿈을 붙드는 자는 쉽게 무너지지만 현실을 붙드는 자는 고단해도 결국 버텨낸다. 삶은 바다와 같다. 언제나 잔잔한 날만 있는 것이 아니라 누구에게나 폭풍이 몰아친다. 폭풍을 헤쳐나가는 뱃사람에게 필요한 것은 노와 돛이듯 우리에게 필요한 것도 다르지 않다. 나를 믿는 것. 지금 당장 할 수 있는 것을 하는 것. 넘어져도 다시 일어나는 것. 그뿐이다. 오직 그것만이 내 삶을 지켜낸다.

26

"수면은 뇌가 낮 동안의 긴장을 풀고 휴식을 하는 시간이다."

인간의 뇌는 낮 동안 끊임없는 긴장을 받는다. 깨어 있는 시간 내내 집중해야 하고 판단해야 하며 수많은 정보를 기억하고 정리해야 한다. 이런 과정에서 뇌는 긴장된 상태로 과도하게 일한다. 수면은 바로 그 긴장을 풀고 균형을 되찾는 시간이다. 잠들면 몸은 고요해지는 듯 보이지만 뇌는 완전히 멈추지 않는다. 오히려 뇌는 다른 방식으로 활동한다. 자는 동안 발이 실에 감겨 있으면 꿈에서 뱀에 휘감긴 것처럼 보이는 식이다. 종소리가 들리면 꿈속에서는 대포 소리로 바뀌기도 한다. 이는 뇌가 낮 동안처럼 논리적으로 사고하지 않고 가장 단순한 방식으로 원인과 결과를 연결하기 때문이다.

이러한 꿈의 작용은 혼란스러워 보이지만 사실 뇌에는 일종의 회복 과정이다. 낮에는 철저히 논리적이고 신중하게 사고해야 하지만 꿈에서는 그 반대로 즉흥적이고 원초적인 방식이 작동한다. 이 전환이야말로 뇌가 긴장을 풀고 회복하는 유일한 방식이다. 복잡한 계산에서 물러나 단순한 상상을 허용하면서 뇌는 다시 다음 날을 견딜 수 있는 힘을 마련한다. 수면은 단순히 쉬는 것이 아니라 뇌가 스스로를 치유하는 시간이다. 꿈은 혼란스럽지만 그 혼란 속에서 뇌는 낮 동안의 긴장을 해소하고 균형을 되찾는다. 수면은 인간에게 없어서는 안 될 회복의 과정이다. 인간은 낮의 무게를 버티기 위해 밤의 고요를 필요로 한다. 깊이 잠드는 것이 곧 나를 살리는 일이다.

27

"사람은 자신이 보고 싶은 대로 세상을 본다."

우리는 언제나 같은 세상을 경험한다. 그러나 그 세상이 누구에게나 똑같은 의미로 다가오는 것은 아니다. 같은 풍경을 봐도 어떤 이는 아름답다고 하고 어떤 이는 쓸쓸하다고 한다. 같은 사건을 겪어도 어떤 이는 기회로 보고 어떤 이는 불행으로 느낀다. 우리가 보는 세상은 있는 그대로의 사실이 아니라 내 마음이 비춘 모습이다. 결국 사람은 자신이 보고 싶은 대로 세상을 해석한다.

인간의 욕망은 세상을 덧칠하는 붓과 같다. 배고픈 사람에게 세상은 음식으로 가득 차 있다. 오직 빵과 과일만이 눈에 들어온다. 그러나 같은 거리를 걸어도 배가 고프지 않은 사람은 그런 것이 눈에 들어오지 않는다. 배경처럼 흐릿하게 스쳐 지나갈 뿐이다. 두려움에 사로잡힌 사람은 작은 소리조차 위협처럼 다가올 것이고 그렇지 않은 사람에게 작은 소리는 그저 작은 소리일 뿐이다. 욕망과 감정은 세상을 있는 그대로 보지 못하게 한다. 흔히 우리가 말하는 '세계' 즉 세상은 인간이 욕망과 필요로 덧칠한 결과물이다. 인간은 오랫동안 자신이 본 세상이 진리라고 믿어왔지만 사실은 자신의 마음이 투영된 것일 뿐이다. 투명한 렌즈 위에 색을 입히면 모든 풍경이 그 색으로 물드는 것처럼 사람은 자신이 원하고 믿는 대로 세상을 해석하는 것이다.

이런 현상을 다시 설명하자면 내 욕망이 달라지면 내가 보는 세상도 달라진다는 것이다. 어린 시절에는 단순한 놀이가 전부지만 성인이 되면 돈과 성공이 중심이 된다. 늙어가면서는 건강과 평온이 무엇보다 소중해진다. 사람은 종종 자신의 욕망을 잊는다. 그래서 세상이 본래 그렇게 생긴 것처럼 여기지만 조금만 거리를 두고 보면 알 수 있다. 이 세계는 욕망이 빚어낸 풍경일 뿐이라는 것을. 각자가 다른 욕망을 가지고 살아가기에 우리는 서로 다른 세계 속에서 살아가는 셈이다. 이 깨달음은 겸손을 가르친다. 내가 보는 세상이 전부가 아니라는 사실을 깨닫게 하기 때문이다. 이전과는 다른 삶을 살고 싶고 내가 보던 것과 다른 세상을 찾고 싶다면 나의 욕망을 되돌아봐야 한다. 결국 인간은 자신의 욕망으로 세상을 해석하기 때문이다. 내가 무엇을 보고자 하는 가에 따라 세상은 다른 풍경을 보여준다. 사람은 자신이 보고 싶은 대로 세상을 본다.

28

"젊음은 환상을 사랑하고
나이 듦은 사실을 사랑한다."

인간이 젊을 때는 세계 속에서 거대한 의미를 찾고 싶어 한다. 작은 일에도 숨은 이유가 있을 것이라 믿고, 하찮아 보이는 것에도 우주의 비밀이 깃들어 있다고 여긴다. 불만족스러운 자기 모습조차 단순한 결함이 아니라 인류 전체가 짊어진 어떤 깊은 고통의 흔적이라고 해석한다. 이렇게 환상을 덧씌우면 불만은 위로가 되고 삶은 조금 더 견딜 만해진다. 젊음은 위안 때문에 환상을 사랑한다. 평범한 삶이 우주적 비밀과 연결되고 작은 고통도 인류 전체의 심장과 맞닿아 있는 듯 느낀다. 이런 환상 속에서 자신이 더 큰 무언가와 이어져 있다고 느끼며 안도하기 때문이다.

그러나 세월이 흐르고 경험이 쌓이면 거창한 설명은 힘을 잃는다. 인생의 많은 순간은 거대한 의미와 무관하게 일어나며 우리가 찾던 그 환상의 어떤 것은 결코 나타나지 않는다. 환상은 매혹적이지만 실제로 존재하는 사실이 우리를 더 단단히 붙든다는 것을 조금씩 깨달아간다. 나이 든 인간은 눈앞에 보이는 사실을 사랑하게 된다. 일상의 경험을 있는 그대로 받아들이고 눈에 보이지 않는 의미를 찾으려고 하지 않는다. 예를 들어, 젊은 시절의 고통은 운명이나 세계의 저주라고 여긴다. 젊을 때는 세상에서 일어나는 모든 일에 이유가 있어야 한다고 믿는다. 왜 나에게 이런 일이 생겼는지, 왜 세상은 이런 방식으로 돌아가는지, 꼭 어떤 커다란 설명을 찾아야 마음이 놓인다. 나이 들수록 고통은 생리적 조건, 사회적 맥락, 혹은 단순한 우연의 결과일 수 있음을 이해한다. 세상에는 이유 없는 일도 많고, 설명할 수 없는 일도 많다는 것을 굳이 의미를 붙이지 않아도 그것이 삶의 일부로 지나가 버린다는 사실을 받아들인다. 그때 인간의 고통은 더 이상 거대한 것이 되지 않는다. 불필요한 환상은 사라지고 단순한 사실이 남는다.

내가 해석할 수 없는 어떤 일이 나에게 일어났을 때 대처하는 방법이 달라지지 않는가? 나이가 든다는 것은 그런 것이다.

젊음은 환상 속에서 위안을 얻고 자신이 거대해 보이는 경험을 한다. 그러나 성숙은 사실을 사랑한다. 단순한 설명 속에서 자유를 느끼고 불필요한 의미를 찾느라 스스로를 괴롭히지도 않는다. 결국 나를 끝까지 지탱하는 것은 눈앞에서 확인할 수 있는 단순한 사실이다. 의미를 과도하게 찾으려고 하지 않을수록 오히려 삶이 더 선명해진다.

---- 29 ----

"안정이 사라지면 자유가 커지고
자유가 커지면 가능성이 열린다."

 안정은 오랫동안 인류의 가장 높은 가치로 추앙받았다. 전통과 규칙, 습관과 관습은 인간에게 방향을 제시하고 안전한 환경을 제공했다. 그러나 안정은 동시에 나를 가두는 틀이 된다. 안정은 보호를 하지만 반대로 가능성을 차단하기 때문이다. 자신을 둘러싸고 있던 울타리가 사라진 순간에 인간은 처음으로 자기 자신의 삶을 살기 시작한다.

 울타리가 사라지는 순간 불안을 느낄 것이다. 안정된 환경은 한 길을 강요하지만 자유는 수많은 길을 동시에 드러낸다. 익숙하고 편안한 것이 사실은 좁은 길을 안내하고 있었던 것이다. 스스로 선택한다는 것이 때로는 두렵게 느껴질 것이다. 그러나 더는 익숙하고 편안한 것에 머물 수가 없다. 스스로 결과를 감당하고 나를 다시 창조해야 한다. 안정은 동일성을 보장하지만 자유는 차이를 만들고 그 차이가 가능성을 연다.

역사를 돌아봐도 가장 큰 전환은 울타리가 무너진 순간에 찾아왔다. 평소 사람들이 진리라고 믿던 것이 깨지고 자기를 안전하게 보호해 주는 울타리를 부수고 나서야 새로운 시야를 얻었다. 안정된 삶만을 원하면 새로운 길은 절대 열리지 않는다. 익숙한 것을 반복하면 새로운 시도와 모험이 들어설 자리가 없다. 내가 가던 길을 벗어날 때 처음으로 만날 수 있는 것이 가능성이고 새로운 세상이다. 물론 그 과정에서 실패와 방황은 불가피한 짝처럼 항상 뒤따르겠지만 그 속에서만 새로운 성취가 태어난다. 인간은 흔들리고 방황하며 수많은 길을 탐색해야만 비로소 하나의 길을 발견하는 존재다. 안정이 사라지는 것을 두려워하지 마라. 안전의 상실은 곧 가능성의 시작이다. 익숙하고 편안한 것 사이에 머물면 변화는 없다. 안정이 사라지면 자유가 커지고 자유가 커지면 새로운 가능성이 열린다. 그 안에서 느끼는 불안은 가능성의 문이 열렸다는 증거일 뿐이다.

── 30 ──

"고통은 선택받은 사람의 징표다."

 누군가는 평생 큰 고통 없이 살아가고 누군가는 짧은 시간 안에 모든 무게가 한꺼번에 쏟아진다. 그 차이는 얼핏 보면 잔인하게 느껴질 수 있지만 삶은 결코 무작위로 고통을 나누지 않는다. 견딜 수 있는 사람을 먼저 알아본다. 고통은 인간을 구분하는 잣대다. 약자를 짓밟기 위한 것이 아니라 누가 끝까지 자신을 잃지 않고 버틸 수 있는가를 시험하는 것이다. 쉽게 주저앉는 사람에게는 큰 시련이 가지 않는다. 삶은 그들이 무너질 걸 알고 있기 때문이다. 가장 큰 짐은 감당할 수 있는 자에게만 주어진다.

 고통이 없는 삶은 매끄럽지만 얕다. 거친 표면에서만 빛이 반사되듯 인간도 부딪히고 깎일 때 깊어진다. 쉽게 얻은 평온은 오래가지 않고 시련을 통과해 만들어진 평온만이 진정한 가치를 가진다. 어떤 사람은 고통이 오면 무너지고 어떤 사람은 고통 속에서 더 강한 초월자를 만들어낸다. 이 차이를 만드는 것은 재능도 환경도 아니다. 그저 고통을 바라보는 태도의 차이다. 고통을 벌로 바라보는 사람은 움츠러들지만 그것을 성장의 거대한 신호로 받아들이는 사람은 두렵지 않게 된다. 그 순간부터 더 이상 고통의 피해자가 아니라 삶이 선택한 고귀한 사람이 되는 것이다.

 햇빛을 보고, 바람을 맞을 때 성장하는 것도 있지만 때로는 거친 시간을 때로는 거센 비를 뚫어야만 전혀 다른 성장이 일어나는 것처럼 삶은 잔인한 방식으로 사람을 성장시킨다. 가장 바쁜 시기에 가장 힘든 일을 주고 가장 믿었던 사람에게 상처받게 하고 가장 약할 때 가장 큰 결단을 요구한다. 이것이 오직 우연일 것 같은가? 삶은 한 인간이 감당할 수 있는 만큼의 무게만 준다. 그 무게가 너무 무겁다고 느껴질 때조차 내 안에서는 나도 모르게 숨어 있던 힘이 꿈틀거리고 있을 것이다. 행복할 때는 누구나 다 비슷하다. 그러나 고통 앞에서는 본모습이 드러난다. 세상을 탓하는 사람, 자기 자신마저 속이는 사람, 조용히 견디는 사람. 여러 모습으로 나뉜다. 고통은 인간의 깊이를

잴 수 있는 유일한 자다.

그렇다면 진짜 강하다는 것은 무엇인가. 진짜 강함은 무너지지 않는 것이 아니다. 무너져도 다시 일어나는 것이다. 강한 시련이 찾아오면 무너질 수 있다. 하지만 진짜 강한 사람들 즉, 선택받고 자신의 삶을 적극적으로 개척해 나가는 초월자들은 다시 일어선다. 자신의 한계가 어디까지인지 알게 되는 것도 넘어지고 일어서는 과정에서만 가능하다. 나의 한계의 폭이 점점 넓어지는 순간 고통은 더 이상 적이 아니라 스승이 된다. 고통은 부정할 것이 아니다. 나에게만 유독 큰 시련이 찾아오는 것은 삶이 야속한 존재라서가 아니다. 너는 이 무게를 견딜 수 있겠는가? 삶이 나에게 묻는 것이다. 고통은 나의 편이다 내 가능성의 증거다. 삶이 나를 시험한다는 건 아직 나를 포기하지 않았다는 뜻이다. 견디는 일은 힘들지만 그 힘듦 속에서만 인간은 자신이 무엇을 이룰 수 있는지를 배운다. 고통은 징벌이 아니라 선택이고 삶이 나에게 건넨 하나의 기회다. 고통의 무게가 클수록 그 사람의 가능성도 크다.

31

"말보다 침묵이 더 강하다."

인간은 본능적으로 이해받고 싶어 한다. 자신의 생각이 왜곡되면 해명하고 싶고 오해를 받으면 그것을 풀고 싶어진다. 이런 충동은 대개 약함에서 비롯된다. 침묵을 견디지 못하는 자는 자신을 스스로 다스리지 못하는 자다. 말로 질서를 세우려 하지만 말은 언제나 뒤늦게 도착한다.

진정 강한 자는 말이 아니라 거리를 사용한다. 거리를 사용하는 방법은 하나뿐이다. 즉시 반응하지 않는 것이다. 왜냐하면 침묵은 단순한 무반응이 아니라 자신의 에너지를 낭비하지 않겠다는 의지의 표현이기 때문이다. 말은 관계를 맺지만 동시에 자신을 내어주는 행위다. 침묵은 그 관계의 주도권을 되찾는 방식이다. 말을 하지 않으면 상대는 스스로 해석해야 한다.

그 해석 속에서 불안해지는 것은 침묵한 자가 아니라 침묵을 당하는 자이다. 뜨거운 마음으로 쏟아내는 말은 불길처럼 번지고 결국 자신을 태운다. 침묵은 그 불길을 스스로 끄는 행위다. 그 안에는 냉소가 아니라 자기 보호의 지혜가 담겨 있다.

말이 많을수록 무엇이 가벼워지겠는가? 마음이다. 침묵할수록 내면은 가라앉고 단단해진다. 이 차이는 단순히 한 인간의 성격의 문제가 아니라 삶을 대하는 태도의 문제다. 모든 것을 해명하려는 것은 일종의 방어다. 그러나 강한 자는 방어하지 않는다. 구태여 설명하지 않고 변명하지 않는다. 그는 자신이 어떤 사람인지 알고 있고 지금 겪는 일이 어떻게 흘러가는지 정확히 알고 있고 그 관계에서 자신의 역할이 무엇인지 확실히 알고 있다. 그렇기에 굳이 언어로 입증할 필요가 없는 것이다. 말을 많이 하는 사람은 자신이 옳다는 것을 증명하려 하지만 침묵하는 사람은 판단은 유보하고 감정을 멈춘다. 그것이 바로 정신의 절제다. 이 차이가 곧 인간관계 힘의 균형을 결정한다. 말을 멈추면 상대는 기다려야 한다. 그 기다림 속에서 누가 더 흔들리겠는가? 언제나 말이 많은 자가 흔들릴 뿐이다.

침묵은 약함의 표시가 아니다. 그것은 자신을 믿는 자만이 선택할 수 있는 태도다. 많은 말은 순간의 안심을 주지만 침묵은 오래가는 권위를 만든다. 그러므로 인간관계에서 가장 강한 언어는 말이 아니라 침묵이다. 침묵을 지킬 수 있는 자만이 결국 자신과 타인 위에 선다.

32

"뱀처럼 껍질을 벗어라."

    모든 생명은 자신을 덮고 있는 껍질 속에서 늙어간다. 그 껍질은 처음에는 보호처럼 느껴지지만 시간이 지나면 감옥이 된다. 인간도 마찬가지다. 자신의 신념, 습관, 가치관, 환경 이 모든 것이 한때는 자신을 지키던 방패였지만 점점 숨을 막는 족쇄로 변한다. 인간도 탈피를 해야 한다. 자신이 신봉했던 가치, 내가 존경하는 사람, 내가 옳다고 믿었던 모든 생각을 버려야 하는 순간이 온다. 왜냐하면 그것들로 내 정신이 성장하기에는 너무나 낡았기 때문이다. 새로운 정신이 자라려면 낡은 것이 사라져야 한다.

    껍질을 벗는 일은 고통스럽다. 자기가 가진 모든 것을 뒤바꾸는 일은 뱀의 피부가 찢어지듯 정신의 껍질이 벗겨질 때마다 괴로울 것이다. 그러나 그 고통은 새로운 감각의 탄생이다. 새로운 시야가 열린다는 것은 기존의 눈을 버린다는 뜻이기도 하다. 사람들은 자신이 변했다고 말하지만 대부분 그저 낡은 껍질 위에 새로운 이름을 붙였을 뿐이다. 진짜로 자기 자신을 해체한 사람은 드물다. 진짜 탈피란 자신을 지탱하던 모든 것을 뒤바꾸는 것이다. 그 변화 없이는 새 생명이 들어설 자리가 없다.

인간은 자기 안에 오래 머무를수록 병든다. 생명은 정지하지 않기 때문이다. 자기 확신에 머무는 자는 결국 자기 자신을 썩게 만드는 것과 같은 이치다. 사람들은 과거의 자신에게 충실한 것을 미덕이라 여기지만 그 충실함이야말로 사실은 완전한 퇴화다. 한때 옳았던 것, 익숙했던 것들 버리고 바꿀 수 있는 용기가 지혜다. 뱀은 껍질을 벗을 때 자신이 누군지 모른다. 그 순간만큼은 아무런 형태도 없이 원래 자신의 형체를 잃는다. 인간도 마찬가지다. 새로운 나로 태어나려면 기존의 내가 가지고 있던 것들이 사라져야만 한다. 그 혼란의 시간을 견딜 수 있는 자만이 진짜로 살아 있는 자다. 오래 알고 지냈지만 나를 갉아 먹는 관계, 옳다고 믿었지만 내 삶을 더 꼬이게 만들었던 나의 가치관, 좁은 시야 안에서 바라보던 세상, 그 모든 것을 뱀이 껍질을 벗듯 벗어라. 그것은 배신이 아니라 회복이고 변절이 아니라 정직이다. 자신을 잃을 용기를 가진 자만이 결국 자신을 발견한다. 살기 위해서, 더 멀리 가기 위해서 뱀처럼 낡은 것을 벗어라.

33

"현실을 직시하려면 냉정해져야 한다."

인간은 감정을 통해 세상을 느끼고 그 감정으로 판단을 내린다. 그러나 감정은 언제나 한발 늦게 도착한 반응이다. 어떤 사건이 일어나고 나서야 생겨나는 것이 감정이기 때문이다. 괴로운 일이 생기고 나서 괴롭다는 감정이 느껴진다. 고통스러운 상황을 마주하고 나서야 고통스럽다는 감정이 느껴진다. 어떤 상황 없이 감정이 느껴지는 경우는 없다. 이 사실을 기반해서 생각해 보면 감정은 이해가 아니라 여운에 가깝다. 감정에 사로잡힌다고 해서 현실이 달라지지 않는다. 감정에 빠지면 진실을 놓치기 쉽다. 감정은 늘 자신의 편이기 때문이다. 분노는 상대의 잘못만 보게 하고 연민은 상대의 책임을 흐리게 한다. 사람들은 그것을 인간적인 따뜻함이라고 부르지만 그 따뜻함은 판단을 녹여버린다.

　냉정함은 미래를 보는 힘이다. 감정을 버리는 것이 아니라 감정이 일어나기 전의 순간을 명확히 보는 하나의 능력이다. 차가운 정신은 사건과 자신 사이에 간격을 만든다. 그 간격이 깊을수록 판단은 명확해진다. 나에게 일어난 일이 유독 괴롭고 고통스러운 이유도 그 때문이다. 나와 너무 가깝게 붙어 있기 때문이다. 하지만 살면서 겪는 대부분의 문제는 한발 물러서서 바라보면 그다지 큰일이 아니다. 거리를 둘 수 있게 중심을 잡아 주는 것이 냉정함이다. 냉정함을 많은 사람이 차가운 심성으로 오해하지만 감정을 부정하는 태도가 아니라 현실을 다스릴 줄 아는 통제의 미덕이다. 냉정한 자는 감정이 자기 안에서 어떤 모양으로 자라나는지를 관찰한다. 감정을 느끼되 판단을 서두르지 않고 감정을 느끼되 함부로 빠져들지 않는다.

　인생의 진실이 따뜻할 것 같은가? 진실은 따뜻하지 않다. 잔인하고 무표정하고 침묵 속에 있으며 때로는 그 어떤 고통보다 혹독한 것이 진실이다. 감정이 섞이면 진실이 흐려진다. 연민은 판단을 왜곡하고 분노가 사실을 부풀리고 나에게 일어난 일이라는 이유로 거대하게 받아들이게 된다. 감정은 쉽고 달콤하다. 냉정함은 어렵고 고독하다. 감정은 안락하지만 진실은 불편하다. 그러나 인간은 냉정할 때만 진실에 닿을 수 있다. 어떤 감정이 느껴졌을 때 그것이 분노, 슬픔, 기쁨, 환희, 연민, 증오 그 무엇이든 간에 감정에 굴복하지 않고 현상을 제대로 보는 사람은 극히 드물다. 극히 드물다는 것은 어렵다는 것이고 어려운 것을 해내는 사람이 진정한 승리자가 아니겠는가. 감정은 순간을 지배하지만 냉정함은 인생을 지배한다. 현실을 직시하려면 냉정해져야 한다. 감정에 휘둘리지 말라.

---------------------------------- 34 ----------------------------------

"삶은 게으름을 용서하지 않는다."

　사람으로 태어난 존재는 누구나 자신이 해야 할 일을 안다. 그 일이 무엇인지 설명할 수는 없을지 몰라도 머리보다 가슴은 자신이 해야 할 일을 분명 알고 있다. 그 일은 즐거운 게 아니다. 무겁고 피로하며 고통스러울 확률이 훨씬 더 높다. 그렇기에 조금만 쉬었다가 하자. 지금은 때가 아니야. 같은 말들로 인간은 자주 미룬다. 그 말은 순간 달콤하게 느껴질지도 모르지만 삶은 게으름을 용서하지 않는다. 해야 할 일을 외면할수록 그 일은 점점 더 커지고 더 무겁게 돌아온다. 처음엔 가벼운 불안이었다가 마침내는 마음의 병으로 번진다. 흔히 병을 불행이라 부르지만 실은 삶이 보내는 경고문이다. "너는 아직 네가 해야 하는 일을 하지 않았다."라는 선언과 같다.

이유 없이 의욕이 사라지고 이유 없이 불안해지고 아무리 쉬어도 회복되지 않는 상태를 경험한 적이 있는가? 내가 진짜로 해야 할 일을 외면할 때 몸과 마음이 신호를 보내는 것이다. 삶은 언제나 균형을 맞추려 한다. 사람들은 자주 핑계를 대며 자신의 책임에서 도망치지만 삶은 그런 변명을 듣고 싶어 하지 않는다. 도망은 자유가 아니라 자기 부정의 또 다른 이름일 뿐이다. 도망치면 편하다. 그러나 그 편안함은 오래가지 않는다. 쉬는 척해도 마음은 계속 불안하다. 삶은 생각보다 단순하고 공평하다. 책임을 무시한 자에게는 고통이 주어지고 삶의 무게는 견디는 인간은 단단해진다. 스스로의 의지를 발견하며 마음의 평화를 얻는다.

　해야 할 일은 피할 수 없고 도망칠 수도 없다. 결국 어떻게든 해내야만 한다. 피할수록 육체의 병으로 오든, 관계의 파탄으로 오든, 내면의 공허로 오든 결국 그 무게는 반드시 되돌려 받는다. 그 무엇이 되었든 도망치지 말라. 피하지도 말라. 삶이 맡긴 무게를 그대로 들어 올려라. 운명을 피하면 벌을 받듯 책임을 버리면 고통을 짊어지게 된다. 삶이 가장 싫어하는 것이 게으름이다.

35

"고통을 이해하려 하지 말고 견뎌라."

어떤 시련을 겪으면 인간은 원망이라는 것을 하게 된다. 하지만 문제는 그 원망이라는 것이 처음엔 작았다가 어느 순간에는 내 안의 대부분을 차지하게 된다는 것이다. 누군가를 탓하거나 세상을 미워하는 동안만큼은 자신이 겪은 일이 조금은 정리가 되는 듯하기 때문이다. 원망은 생각처럼 가벼운 감정이 아니라 나를 갉아먹는 습관이다.

"원망이라는 감정이 나를 낫게 하고 있는가?"

이 질문을 스스로에게 던져 보면 쉽게 생각을 바꿀 수 있다. 인간은 불행을 설명하고 싶어 한다. 설명하면 덜 괴롭기 때문이다. 그러나 설명은 언제나 고통을 더 잔인하게 만든다. 이해하려고 애쓰지만 삶은 대부분 설명되지 않는 것들로 가득하다.

살다 보면 불공평한 일, 설명되지 않는 일들이 생긴다. 누가 잘못한 것도 아닌데 결과는 초라하다. 그때 대부분의 사람은 '왜'라는 사실에 갇힌다. 하지만 진짜 변화는 왜, 라고 묻는 것이 아니라 어떻게로 옮겨가는 순간 시작된다. 왜 이런 일이 생겼는가보다 이 상황을 어떻게 다시 헤쳐나갈 것인가를 묻는 것이 인간을 앞으로 나아가게 한다. 원망은 감정이고 의지는 선택이다. 감정은 하루를 소비하지만 의지는 하루를 쌓아 올린다. 이 차이가 시간이 지나면 인생의 방향을 완전히 갈라놓는다.

당신도 삶이 불공평하다고 생각하지 않는가? 대부분의 사람은 자신의 삶이 억울하다고 생각할 것이다. 삶은 공평하려고 만들어진 것이 아니다. 삶은 반응하는 법을 배우게 만드는 장치다. 상처를 통해 인내를 배우고 좌절을 통해 방향을 수정하는 것이다. 삶은 친절하진 않지만 어떤 의미에서는 그 무엇보다 정직하다. 내가 해결하고자 앞으로 나아가면 길이 열리고 멈추면 그 자리에 그대로 굳어버린다. 원망은 나를 그 자리에 굳게 만드는 감정이다. 누구에게나 절망은 찾아온다. 그 순간에는 무엇을 해도 소용이 없을 것 같고 앞으로의 시간마저 무의미하게 느껴진다. 그러나 그런 때일수록 해야 하는 일은 단순하다. 다시 하루를 살아내는 것이다. 무엇을 하든, 어떤 속도로 움직이든, 하루를 지나가게 만드는 것이다. 그 단순한 행위가 모든 회복의 시작이다. 한 걸음 내디디면 생각이 따라온다. 그러나 어떤 감정에 사로잡혀서 한 걸음도 내딛지 못하면 아무것도 할 수가 없다. 몸이 움직여야 마음도 움직인다.

인간은 살아가면서 자주 왜 나에게 이런 일이 일어난 것인가라고 묻지만 삶은 그 질문에 아무 대답도 하지 않을 것이다. 삶은 말이 없고 대신 기회를 준다. 그 기회를 잡을지 놓칠지는 결국 우리의 몫이다. 선택이 쌓이면 방향이 되고 방향이 쌓이면 한 사람의 삶이 된다. 그러니 세상을 탓하기보다 다시 살아보겠다는 굳은 결심을 하라. 삶을 바꾸는 것은 거창한 철학이 아니라 그래도 살아보자는 아주 단순한 태도다. 이 태도는 불행 그 자체를 없애지는 않지만 불행을 감당할 수 있는 나를 만든다. 삶은 완벽하지 않다. 그러나 다시 한번 시도하는 자에게는 삶은 언제나 그 사람의 편이다. 고통을 이해하려 하지 말고 견뎌라. 삶을 원망하기보다는 다시 시작하라.

── 36 ──

"좋다, 나쁘다는 평가는 인간에게만 통한다."

 인간의 특징 중 하나는 세상을 바라볼 때 언제나 평가하려 한다는 것이다. 무언가를 좋다고 말하거나 나쁘다고 말한다. 아름답다, 추하다, 선하다, 악하다가 같은 말은 우리가 세상을 이해하는 기본적인 방식이지만 이 평가는 세상 자체에 본래 붙어 있는 것이 아니다. 인간이 덧붙인 잣대일 뿐이다. 바람이 불고 비가 내릴 때 그것을 좋다 혹은 나쁘다고 말한다. 농부에게는 비는 축복이지만 여행자에게는 불편이다. 그렇다면 비 자체는 선한가, 악한가? 어떤 관점에서도 설명할 수 없다. 비는 단지 내릴 뿐이다. 거기에 의미를 붙이는 것은 인간이다.

 지진과 같은 재해를 두고도 마찬가지다. 오래된 신화 속에서 사람들은 지진을 신의 분노라고 보았다. 그 시대의 인간은 지진을 악으로 이해했다. 오늘날은 지구의 움직임으로 설명한다. 현상은 변하지 않았는데 해석이 바뀌자 평가도 달라지는 것이다. 세상에 본래 선이나 악은 없으며 오직 인간이 만든 관점만 있을 뿐이다. 낙관주의자와 비관주의자의 언어도 사실은 같은 오류 위에 서 있다. 낙관주의자는 세계가 본래 좋은 방향으로 가고 있다고 믿는다. 비관주의자는 세계가 본래 나쁘다고 단정한다. 하지만 세계는 그런 속성을 지니고 있지 않다. 내가 느끼는 행복과 불행, 만족과 좌절이 덧씌워진 것일 뿐이다.

가장 좋은 세상이라는 말도, 가장 나쁜 세상이라는 말도 결국 내가 나의 감정에 따라 만든 평가다. 내 고통이 크면 세계는 잔혹하게 보이고 기쁨이 크면 세계는 아름답게 보인다. 세계는 그 자체로 단순하게 존재한다. 강은 흐르며, 별은 빛나고, 생명은 태어나고 죽는다. 이 모든 과정은 선하지도 악하지도 않다. 이 사실을 직시하는 것은 불편하다. 인간은 평가를 통해 안도감을 얻기 때문이다. 옳고 그르다고 말할 수 있어야 마음이 안정된다. 하지만 세상은 본래 선하지도 악하지도 않다. 의미를 강요하지 말고 있는 그대로 바라보라. 선도 악도 고통도 기쁨도 본래 주어진 것이 아니므로 우리가 무엇을 선택해 어떻게 살아갈지는 오직 우리에게 달려 있다. 인생에서 일어나는 일은 그저 단순할 뿐이고 그 의미를 묻고 해석하는 것은 인간의 고질병이다.

37

"너무 완벽하려고 하면
아무것도 시작하지 못한다."

 완벽함을 떠올리면 무엇이 떠오르는가? 틀리지 않고 그 어떤 흠도 없는 것. 그것이 흔히 사람들이 생각하는 완벽의 정의다. 사람은 누구나 완벽을 원하지만 그런 마음이 강할수록 오히려 행동은 느려지고 생각은 복잡해진다. 완벽하려는 사람이 가장 두려워하는 것은 실수다. 실수가 일종의 흠처럼 느껴지기 때문이다. 완벽함이 오히려 두려움을 만들고 두려움이 커질수록 움직이지 못한다. 완벽주의자는 늘 아직 준비가 안 됐다고 말하지만 완벽한 순간이란 존재하지 않는다. 완벽하거나 조금 더 나은 환경을 기다리다가 결국 인생이 끝난다. 틀려보지 않고는 배울 수도 나아갈 수도 없는 것이 인생이다. 실수하지 않으려는 마음이 만드는 가장 큰 실수는 아무것도 하지 않는 것이다. 완벽은 성취의 적이다. 완벽을 추구하는 순간 인간은 현실을 통제 가능한 것으로 착각하기 때문이다. 모든 걸 계획하고 위험을 제거하고 흠 없는 결과만 남기려 한다. 하지만 인생의 모든 의미 있는 일은 언제나 조금 불안한 상태에서 시작된다. 새로운 일, 도전, 극복 그 모든 것은 늘 준비가 덜 된 상태에서 찾아온다. 완벽주의자는 늘 타이밍을 놓친다. 언제나 생각이 행동보다 빠르고 두려움이 용기보다 먼저 반응하기 때문이다.

우리가 감탄하는 모든 일의 시작에는 서투름과 모호함이 있다. 완벽을 바라는 대신 시도를 한 사람들이 세상을 조금씩 움직였다. 비록 틀렸을 수는 있겠으나 멈추지는 않았다. 틀리고 깨지고 실수한 경험은 인생의 종말이 아니라 그저 연습일 뿐이다. 삶은 늘 변화하고 완벽은 그 변화에 뒤처지는 행위다. 완벽함을 기다리지 말고 지금 있는 그대로 시작하라. 지금의 부족함이 훗날의 배움이 된다. 움직이면 배우고 틀리면 성장하지만 멈추면 도태된다. 완벽을 기다리다가는 인생을 놓친다.

38

"사람은 진실보다 편한 거짓을 더 좋아한다."

인간은 입으로는 진실을 원한다고 말한다. 그러나 마음속에서는 언제나 듣기 좋은 말을 원한다. 진실은 차갑고 거짓은 따뜻하다. 진실은 불편하고 거짓은 안도감을 준다. 진실을 원한다고 말하면서도 막상 그것이 눈앞에 오면 못 본 척하는 것이 인간이다.

사람이 진실을 피하는 이유는 단순하다. 진실은 자신을 드러내기 때문이다. 진실이라는 빛 앞에서 자신이 생각보다 작고 이기적이며 두려움이 많은 존재라는 것을 깨닫는다. 그 깨달음이 아프기 때문에 사람은 오히려 희미한 말을 택한다. 괜찮을 거야, 다들 이렇게 산다. 그런 말들은 따뜻하지만 그 따뜻함 속에는 현실을 외면하고 싶은 마음이 숨어 있다. 세상이 진실보다 위로를 파는 것도 그런 이유에서다. 대부분의 관계는 솔직한 대화가 아니라 적절한 포장 위에 서 있다. 상대가 진심으로 원하지 않는 진실은 폭력처럼 느껴지기에 진실을 가려두고 오직 위로만 건네는 것이다. 그러나 그 위로는 근본적인 치유가 아니라 잠시 통증을 가려주는 진통제일 뿐이다. 시간이 지나면 다시 고통이 돌아온다.

인생의 진실을 마주한 순간을 떠올려 보라. 진실을 마주했을 때 자존심이 흔들린 적이 없는가? 진실은 내가 옳지 않을 수 있다는 사실을 마주하는 것이기 때문에 쉬운 일이 아니다. 사람은 자신이 틀릴 가능성보다 세상이 틀렸다고 믿는 쪽이 훨씬 더 편하다. 그 믿음이 무너질 때 느껴지는 공허함이 너무 크기에 차라리 거짓 속에서 안정감을 유지하는 것이다. 사람들은 그냥 지금 이대로가 낫다고 말하지만 이 말은 겉보기에만 현명한 말일 뿐이다. 자기합리화에 가깝다. 진실은 생각을 바꾸게 하고 태도를 바꾸게 하며 때로는 관계를 끊게 만들기에 그 변화들이 두려워 지금이 낫다고 말하는 것이다. 인간의 마음은 어둠을 두려워하면서도 너무 밝은 빛을 싫어한다. 어둠은 숨기고 싶은 것을 감춰주지만 빛은 드러내기 때문이다. 인간은 언제나 자신의 마음이 안심할 수 있는 안심의 구역을 원한다.

모든 인간은 스스로에게 거짓을 말하는 시간과 그 거짓을 의심하는 시간이 교차하며 살아간다. 진짜 용기는 진실을 말하는 것이 아니라 그 진실을 감당하는 것이다. 듣기 좋은 말은 잠깐의 위로일 뿐 인생의 아무런 방향도 달라지게 하지 않는다. 진실은 따뜻하지 않기에 진짜다. 세상은 여전히 거짓으로 꾸며진 미소로 돌아가지만 그 속에서도 진실을 선택하려는 사람 덕분에 인간의 정신은 조금씩 진보한다.

39

"모든 배움에는 대가가 있다."

 사람은 살아가면서 수많은 관계를 맺는다. 누군가를 사랑하고 누군가와 함께 일을 하기도 하고 누군가와 같이 미래를 계획하기도 한다. 그 안에서 배우고 느끼며 성장한다. 그러나 시간이 지나면 깨닫게 된다. 사람을 알아가는 일도 결국은 배움의 한 영역이며 모든 배움에는 대가가 따른다는 것을.

 모든 관계의 처음은 단순하다. 함께 있으면 좋고 불편하면 멀어진다. 그러나 여러 관계가 얽히고 함께한 시간이 길어질수록 인간의 복잡한 면이 드러난다. 그 과정은 결코 달콤하지 않다. 진짜 배움은 언제나 고통을 동반하기 때문이다. 지식이 깊어질수록 세상이 단순하지 않다는 것을 알게 되듯 사람을 깊이 이해할수록 좋은 사람과 나쁜 사람의 구분이 희미해진다. 모두가 옳기도 하고 모두가 틀리기도 하다. 그 사실을 이해하는 과정에서 때로는 내가 다치기도 할 것이다. 솔직한 말을 건넸다가 관계가 멀어지기도 하고 신뢰를 줬다가 배신을 당하기도 하지만 그 모든 것은 관계를 학습하는 과정이다. 사람을 올바르게 보는 방법은 결국 한 번쯤 속아 봐야 배운다.

화학자가 실험 중에 화상을 입듯 인간도 관계를 탐구하다가 마음의 상처를 입는다. 다시 쉽게 사람을 믿지 않겠다고 다짐하지만 결국 사람을 또 믿는다. 그건 어리석음이 아니라 인간의 본능이다. 인간의 생명이 유지되는 동안 계속 관계를 맺으면서 살아갈 수밖에 없다. 사람을 깊이 알수록 피로해지는 이유는 그들이 생각보다 복잡해서가 아니라 그 복잡함을 감당하는 내 마음이 자꾸 흔들리기 때문이다. 그래서 어느 순간 깨닫게 되는 것이다. 진짜 지혜는 사람을 완벽히 이해하는데 있지 않고 이해하지 못하는 채로도 존중할 수 있는 능력에 있다는 것을. 지식이 커질수록 혼란이 생기듯 사람을 알수록 모순이 보인다. 그 모순을 견디지 못하는 사람은 관계를 끊지만 그 모순을 견디는 사람은 관계를 성장시킨다. 이러한 사실은 단순한 인내가 아니라 인간을 배우는데 필요한 실험의 과정이다. 인간을 통해 다치고 회복하며 조금씩 내면이 변하는 것은 인간을 배우는 수업료다. 관계에서 상처받지 않겠다는 건 지식의 위험을 피하겠다는 말과 같다. 아무 위험도 감수하지 않으면 아무 깨달음도 얻을 수 있다.

    사람에게 받는 상처를 두려워하지 말아야 한다. 그 상처는 실패가 아니라 기록이다. 그 흔적이 우리를 더 깊은 이해로 이끈다. 사람을 배우는 일은 결국 나 자신을 배우는 일이다. 상처는 배움의 비용이다. 인간으로 살아 있다는 또 다른 증거다. 사람을 알아간다는 건 다칠 각오를 한다는 뜻이다.

3장

초월자의 길(Übermensch의 탄생)

―――― **40** ――――

"절망조차 삶의 증거다."

    절망을 흔히 끝이라고 생각한다. 무언가가 잘못되었고 더는 고쳐지지 않고 내 삶이 여기서 멈춘 것 같다고 느낄 때 사람들은 이제 다 끝났다는 말을 뱉는다. 그것은 착각이다. 절망은 끝이 아니라 오히려 살아 있다는 신호다.

    감각이 없으면 고통도 없다. 죽은 사람은 절망하지 않는 것처럼 절망은 살아 있는 자의 특권이다. 느낀다는 건 여전히 반응하고 있다는 뜻이다. 아직 뭔가를 원하고 열망이 있고 삶을 바꾸고 싶은 의지가 있어야 좌절도 한다. 바로 그 점에서 절망은 무력함의 증거가 아니라 생명의 증거다. 절망할 수 있다는 사실은 무언가에 기대했다는 것이다. 그리고 절망을 느낄 만큼 간절히 원했다는 것이다. 사람이 아무것도 바라지 않을 때는 절망하지 않는다. 좌절이라고 느끼지도 않는다. 손에서 떨어진 물컵은 그저 깨질 뿐이지만 힘을 주어 던진 물컵은 산산조각 나는 것과 똑같다. 힘이 크게 작용할수록 잔해는 산산조각 나기 마련이다. 깊은 절망은 깊은 의지의 다른 얼굴이다. 삶이 고통으로 가득 차고 무의미하다고 느껴져도 내가 그 속에서 무의미함에 분노하는 마음이 남아 있다면 내가 여전히 삶을 살아가려는 힘이 남아 있다는 뜻이다.

  삶을 사랑한다고 말하는 사람들조차 사실은 그 삶이 줄 수 있는 보상과 안락을 사랑한다. 절망 속에서는 삶의 겉옷이 모두 벗겨지고 그 속에서 자기의 진짜 욕망과 마주친다. 나는 진정으로 삶에서 무엇을 원하는가. 지금 내가 힘든 이유는 무엇 때문인가. 그 질문들이 없다면 우리는 자신의 내면을 정확히 알 수 없을 것이다. 절망은 나를 파괴하는 것이 아니라 나를 멈춰 세운다. 그리고 그 시간에는 이제 어떻게 살 것인가에 대한 답을 찾아야만 한다. 인간은 절망을 피하고 느끼지 않으려고 애쓴다. 절망은 파괴가 아니라 다시 시작하는 출발점이라는 사실을 깨닫지 않으면 인식이 변하지 않는다. 내 인식이 변하지 않으면 절망 앞에서 그저 무너질 뿐이지만 인식을 바꾼 사람은 깊은 절망을 느낀 그 순간 다시 자기 삶의 주인이 된다.

절망을 두려워하지 말라. 그것은 나약함이 아니라 아직 살아 있다는 표시다. 느끼는 한, 살아 있다. 살아 있는 한, 다시 시작할 수 있다.

41

"모르면 모른다고 말할 용기가 진짜 지성이다."

　세상은 아는 척하는 사람으로 가득하다. 누군가가 뭔가를 잘 모르겠다고 말하는 순간 그 사람은 곧바로 무식한 사람으로 취급된다. 그렇기에 대부분 사람들은 자신이 모르는 것 앞에서도 아는 척을 한다. 모른다고 인정하는 것이 진짜 지성이라는 사실을 사람들은 알지 못한다. 인간의 지성은 의심에서 자란다. 모른다고 말할 수 있을 때 비로소 탐구가 시작된다. 확신은 지성을 멈추게 하고 의심은 지성을 움직이게 한다. 세상은 정답을 빨리 내놓는 사람을 선호하기에 대부분의 사람은 질문을 덮고 결론을 내리기에 급하다. 인간이 겸손해지는 것은 모른다는 사실을 인정할 때다. 겸손은 단순히 태도의 문제가 아니라 진실을 대하는 자세이기 때문이다. 내가 어떠한 사실 앞에서 그

것을 모른다고 인정하는 순간 타인의 생각을 들을 준비가 된다. 반대로 다 안다고 말하는 사람들은 자신의 생각에 취해 타인의 진실을 듣지 못한다. 결국 자기 확신 속에 갇혀 조용히 썩어갈 뿐이다.

내가 가장 쉽게 속이는 사람은 남이 아니라 자기 자신이다. 스스로에게 모든 것을 다 안다고 말하는 순간 나의 지성도 영혼의 성장도 모두 멈춘다. 오직 멈추지 않고 꾸준히 배우는 사람은 모르는 것을 모른다고 말하는 사람뿐이다. 모른다는 건 아직 배울 수 있다는 뜻이다. 아직 가능성이 남아 있고 더 발전할 여지가 있다는 뜻이다. 모르는 것을 모른다고 말할 수 있는 사람만이 세상을 새롭게 볼 수 있다. 그것이 바로 진짜 지성이다. 모르는 걸 부끄러워하지 마라. 배움의 시작일 뿐이다.

42

"나약한 사람일수록 더 시끄럽게 군다."

동물의 습성 중 하나는 약점을 가리려고 하는 것이다. 약점이 노출되는 순간 야생에서 잡아먹힐 확률이 올라가기에 자신의 약점을 철저히 감추려고 한다. 그런 동물의 본성이 인간에게도 있다. 하지만 차이점이 있다면 점점 더 영악해진다는 것이다. 사람은 누구나 약함을 감추고 싶어 한다. 자신이 가진 약점이 들킬까 봐 본능적으로 더 큰 소리를 낸다. 불안이 많은 사람은 침묵을 견디지 못한다. 불안한 사람은 말을 늘리고 목소리를 높이고 화를 낸다. 그 소리는 어떤 힘처럼 느껴지지만 사실은 두려움이 내는 소리다. 분노는 자신을 지키는 마지막 방법처럼 느껴진다. 그래서 사람들은 어떤 순간에 극도로 공격적으로 변하지만 화를 내는 건 그가 강하다는 뜻이 아니라 자제

력을 잃었다는 뜻이다. 조용함을 유지할 힘이 없을 때 소리로 공간을 채운다.

말이 많은 사람은 그 안에 설득해야 할 무언가가 있다. 남을 설득하는 척하지만 사실은 자기 자신을 설득하려 애쓰는 것이다. 시끄럽게 말을 늘리면서 나는 틀리지 않았다. 나는 약하지 않다고 스스로에게 말하는 것이다. 진짜 확신이 있는 사람은 그렇게 증명할 필요가 없다. 시끄러운 사람은 감정의 노예다. 분노든 필요 이상의 말이든 소리를 내는 동안 스스로가 잠시 강해진 것처럼 느껴지지만 결국 자신이 감당하지 못할 불안을 다시 마주하게 된다. 우리는 종종 조용한 사람은 약하다고 생각하지만 조용한 사람은 내실이 있는 사람이다. 스스로를 설득했기에 에너지를 밖으로 터트리지 않고 안으로 응축한다. 자신을 증명할 필요가 없기 때문에 말을 늘리지도 않고 불필요한 화로 표출하지도 않는다.

가진 것이 없는 사람일수록 더 자신을 부풀린다. 작은 것도 크게 말하고 없는 것도 있는 것처럼 말한다. 쉽게 분노하여 논리보다 감정으로 대응한다. 나약한 사람의 언어는 언제나 방어적이다. 말로 자신을 지키고 말로 공격한다. 나약한 사람일수록 더 시끄럽게 굴고 감정을 함부로 표출한다.

43

"인간은 고쳐지지 않는다. 변한 척할 뿐이다."

 변할 수 있는가? 변하지 못하는가? 이 질문을 건넬 때 어떤 대상이 들어가느냐에 따라 대답이 달라질 것이다. 삶은 변할 수 있는가? 변하지 못하는가?라고 묻는다면 대부분의 사람은 삶이 변할 수 있다고 대답할 것이다. 그렇다면 삶의 자리에 인간을 넣는다면? 인간은 변할 수 있는가? 변하지 못하는가?라는 질문에는 어떻게 대답할 것인가?

 사람은 쉽게 변하지 않는다. 누군가가 변했다고 하는 것은 본질이 수정된 것이 아니라 표현이 교정된 것에 가깝다. 다시 말해, 인간은 바뀌는 게 아니라 조금 더 교묘해질 뿐이라는 것이다. 한 번 거짓말한 사람은 다시 거짓말을 한다. 습관처럼 남을 속이고 그 행위를 통해 오히려 합리화하는 법을 익힌다. 한

번 배신한 사람은 또 배신한다. 그는 약속을 어긴 경험을 후회하지 않는다. 단지 다음에는 들키지 않는 법을 배울 뿐이다. 인간은 실수를 고치는 것이 아니라 실수를 숨기는 기술을 발전시킬 뿐이다.

인간은 고쳐지지 않는다는 사실은 타인에게만 해당하는 것이 아니다. 나 자신에게도 그대로 적용되는 법칙이다. 어떤 사람에게 배신을 당하고 나서 그를 용서했다고 했을 때 용서한 사람도 마찬가지로 변하지 않은 것이다. 용서라는 숭고한 희생을 선택한 것 같지만 이전과 똑같은 선택을 한 것뿐이다. 그 사람은 또다시 같은 이유로 상처받는다. 이번엔 다를 거라는 믿음으로 과거를 덮지만 그 믿음 자체가 이미 반복의 시작이다. 이것은 타인의 문제가 아니라 나의 문제다. 결국 자신의 선택 패턴을 되풀이하기 때문이다. 상처의 기억이 남아 있어도 감정은 언제나 이성을 앞선다. 타인도 그렇고 나 자신도 쉽게 고쳐지지 않는 것이다. 우리는 진심으로 반성하는 것처럼 행동하지만 그 반성조차 다음 욕망을 위한 준비일 때가 많다. 인간은 언제나 자신을 합리화할 언어를 찾는다. 인간은 생각보다 훨씬 느리게 바뀌고 심지어 어떤 이는 영원히 바뀌지 않는다. 대부분은 평생 같은 패턴 속에서 산다. 똑같은 후회를 하고, 똑같은 결심을 하고, 결국 똑같은 자리로 돌아온다. 그러면서 이번에는 조금 다를 거라고 기대하거나 조금 달랐다며 스스로를 위로한다. 그 아주 조금이 변화를 증명한다고 믿으며 살지만 늘 같은 길로 내가 나를 데리고 간다는 사실은 변하지 않는다.

하지만 이러한 사실은 절망이 아니라 현실을 인식하는 것이다. 인간은 완벽히 변하지 않기에 여전히 서로에게 기대고 속고 용서한다. 고쳐지지 않는 존재기에 패턴은 끝없이 반복된다. 인간의 반복된 본성 안에서 영원회귀 하는 것이다. 인간이 변하지 않는다는 것을 인정하면 인간을 바꾸려는 기대를 내려놓게 되고 그때야 인간을 이해하기 시작한다. 우리는 완성되지 않은 존재로 태어나 끝까지 미완의 상태로 살아간다. 인간은 변하지 않지만 그 변하지 않음을 자각하는 순간 조금은 성숙해진다.

타인도 변하지 않고 나도 절대 쉽게 변하지 않는다. 그러니 같은 사람에게서 다른 결과를 기대하는 건 착각이다. 다른 관계를 맺고 싶다면 내가 관계를 대하는 방식을 돌아봐야 한다. 늘 같은 이유로 상처받고 같은 감정으로 후회한다면 그건 타인의 잘못이 아니라 내가 반복을 끊지 못한 탓이다. 관계를 새롭게 만들고 싶다면 나의 패턴을 들여다봐야 한다. 그 반복을 인식하고 멈추는 순간 관계는 새로운 형태를 갖는다. 인간은 완벽히 변하지 못하더라도 내 패턴을 자각하고 끊어내려는 노력만은 가능하다. 그 작은 시도가 내 주변 관계를, 그리고 나 자신을 서서히 다른 방향으로 옮겨놓는다.

44

"인간은 늘 내 생각을 사랑한다."

인간이 가장 사랑하는 것은 무엇인가? 돈, 지위, 명예, 철학적 사유, 진리 그 무엇도 아니다. 자신이 옳다고 느끼는 것. 즉 자신의 생각을 가장 사랑한다. 그 사랑은 애착에 가깝다. 사람이 신념을 지킬 때 보이는 열정은 자기 확신을 잃지 않으려는 방어기제일 뿐인데 말이다. 누군가가 자신과 다른 의견을 내면 그것이 단순히 옳고 그름을 떠나서 나의 생각을 위협한다는 사실만으로도 불쾌해진다. 논쟁의 목적은 진실을 찾는 것이 아니라 내 생각을 지켜내는 것으로 변한다. 자신이 가진 생각의 정당성을 부여하기 위해 타인과 자신을 설득할 논리를 펼치지만 그 논리의 방향은 이미 정해놓은 결론으로 향한다.

새로운 의견이 등장하면 인간은 본능적으로 두 가지 반응을 한다. 하나는 거부, 다른 하나는 재해석이다. 거부는 내가 틀릴지도 모른다는 불안을 막기 위해 벽을 치는 것이기에 단순한 방어에 속한다. 재해석은 더 교묘하다. 새로운 생각을 받아들이는 척하면서 결국 내 생각 안에서 자신에게 맞게 다시 정의해버린다. 이 두 가지의 본질은 똑같다. 다른 이의 관점을 듣는 것처럼 보이지만 결국은 내 생각의 테두리를 강화하고 있는 것이다. 사람은 자신이 똑똑하다고 느끼고 싶어 한다. 반대되는 논리에 부딪히면 이성적으로 대응하는 척하면서도 속으로는 자존심이 흔들린다. 자신의 생각을 돌보고 지키면서 살기에 그것이 무너지는 순간 마치 자아 전체가 위협받는 것처럼 느껴지기 때문이다.

문제는 내가 내 생각을 사랑할수록 그 생각이 나를 좁게 만든다는 점이다. 사람은 자신의 생각을 지킬 때 강해지는 것 같지만 사실은 새로운 것을 받아들일 힘을 잃고 객관성을 상실하게 만든다. 지키고 싶은 신념이 있다는 것은 좋은 것이다. 하지만 신념을 지키는 일과 자기 생각에 갇히는 일은 전혀 다르다. 신념을 가진 사람은 자신의 믿음을 점검하고 여전히 유효한지 묻는다. 생각을 도구로 쓰며 언제든 수정할 준비가 되어 있지만 생각에 갇힌 사람은 생각을 신처럼 섬긴다. 옳음에 대한 확신이 두려움을 덮고 의심을 부정으로 여긴다. 신념을 지키기 위해 행동하는 것이 아니라 자신을 방어하기에 바쁘다. 신념을 지키는 것은 삶에 중심을 세우는 일이고 자기 생각에 갇히는 것은 스스로 벽을 쌓는 일이다. 자신의 생각을 사랑하되 그 사랑이 우상 숭배로 변하지 않도록 경계해야 한다.

나는 언제든 틀릴 수 있는 존재다. 자신의 생각을 사랑하되 그 생각에 얽매이지는 말아야 한다.

---------- **45** ----------

"지쳐서 도망칠 곳이 필요할 때
사람들은 현실보다 환상을 택한다."

 사람들은 삶이 너무 무겁고, 하루가 너무 길게 느껴질 때 잠시라도 피할 곳을 찾는다. 현실은 견디기에 너무나 괴롭고 환상은 도망치기에 너무나 부드럽다. 그래서 인간은 현실이 아니라 환상 속에서 위로를 택한다. 누군가는 그것을 사랑이라 부르고 누군가는 신념이라 부르고 누군가는 운명이라 부르고 누군가는 쾌락이라고 부른다. 이름은 다 다르지만 그 본질은 같다. 견딜 수 없는 현실을 잠시 잊기 위한 장치다.

 환상은 달콤하지만 동시에 중독적이다. 처음에는 위로가 되지만 시간이 지나면 점점 구속된다. 그 안에서 머무는 시간이 길어질수록 현실로 되돌아올 힘을 잃는다. 괴로울 때마다 사람에게 기대면 그 사람은 절대 혼자 서 있는 법을 터득하지 못한다. 인생이 지루할 때마다 쾌락에 기대는 사람은 더 큰 쾌락을 찾아 나서면서 점점 자신을 파괴한다. 인생이란 원래 고통이고 지루한 것이지만 현실의 차가움보다 환상의 따뜻함이 익숙해질 때 진짜 삶을 감당할 근육이 남아 있지 않게 된다. 살아있는 것처럼 보여도 죽은 것이다. 환상은 단지 현실을 미루는 시간일 뿐이다. 도피의 끝에는 언제나 내가 처한 현실이 그 자리에 그대로 혹은 훨씬 더 난폭해진 상태로 나를 기다리고 있을 뿐이다. 아무리 환상 속에서 위로를 받아도 결국 돌아와야 할 무대는 현실이다. 진짜 삶, 진짜 고통, 그리고 진짜 나뿐이다.

   인간은 피로 속에서 달콤한 거짓을 찾고 그 거짓 속에서 자신을 잃는다. 인간을 회복하게 만드는 것은 현실뿐이다. 현실은 거칠고 잔인하지만 그 안에서만 진짜 힘이 자란다. 환상은 인간을 위로하는 척 타락시키지만 현실은 인간을 괴롭게 하는 척하고 결국 인간을 인간으로 만든다. 쾌락은 잠시 나를 위로해 줄 뿐 결국 나를 약하게 만든다. 무엇이 되었든 절대 도피하지 마라.

46

"모든 일을 계산적으로만 하면 행복을 잃는다."

 인간은 손익을 따지는 동물이다. 이익을 얻으면 기뻐하고 손해를 보면 후회한다. 무엇을 하든 결과가 확실해야 안심한다. 남들보다 이득을 봐야 잘 살고 있다고 느낀다. 그렇기에 대부분의 인간은 인생을 하나의 거래처럼 계산하며 살아간다. 그러나 행복은 거래로 얻을 수 없다. 행복은 이성이 아니라 감각의 문제이며 논리의 결실이 아니라 충동의 잔향이다.

 계산적인 인간은 언제나 손해를 두려워하지만 삶은 그렇게 움직이지 않는다. 계산은 예측할 수 있는 일에만 통한다. 수치로 표현하지 못하는 영역에는 계산이 맞아떨어지지 않는다. 사람의 마음, 관계, 감정 같은 건 계산으로 다룰 수 없지만 대부분의 사람이 감정 앞에서조차 이익과 손실을 따진다. 가장 계산되지 않아야 하는 것은 사랑과 예술이다. 그러나 늘 계산하는 사람은 그 두 가지 가치 앞에서 철저히 머리를 쓰기 시작한다. 사랑할 때조차 얼마나 줄지 또 얼마나 받을지를 계산한다. 그 순간 이미 사랑은 죽은 것과 다름없는데도 계산을 한다. 예술은 비합리적인 아름다움의 증거다. 음악을 듣고 눈물을 흘리는 이유를 계산해 보면 찾을 수 있는 이유는 없다. 그럼에도 인간은 울고 가슴이 움직인다. 그 감정은 말로 설명되지 않지만 그 설명할 수 없음이 인간을 인간답게 만든다. 이성은 삶을 안전하게 만들지만 동시에 메마르게 만든다. 행복이란 결국 불완전함을 받아들이는 용기에서 생겨난다. 완벽히 계산된 삶은 실수하지 않을 수는 있어도 감동 또한 없다.

행복한 인간은 늘 약간의 어리석음을 지닌다. 손해를 감수하고 때로는 이유도 없이 웃는다. 행복한 인간에게는 정확함보다 따뜻함이, 옳음보다는 평온이 더 중요하다. 인간은 계산으로 생존하지만 행복은 계산의 반대편에 있다. 행복은 손익을 넘어서고 이성의 한계를 벗어난다. 이익을 따지는 마음으로는 결코 도달할 수 없는 영역이기 때문이다. 어느 정도만큼의 소득을 벌고 어느 정도만큼의 사회적 지위에 올라가면 행복해질 거라면서 수치로 나타내고 싶어 하지만 막상 그 목표를 이루어도 마음은 금세 허전하다. 인간이 행복하다고 느끼는 순간, 햇살이 따듯할 때, 별 이유 없이 편안함을 느낄 때, 자신의 운명을 개척해 나갔을 때와 같은 경험들은 그 어떤 숫자로도 표현할 수 없다. 행복한 사람은 언제나 조금 느리고 조금 어설프고 조금은 손해를 본다. 하지만 그 느림 속에서 행복을 느낀다. 모든 걸 다 계산하려 하면 결국 아무 순간도 진심으로 즐길 수 없다. 행복은 완벽한 계획이 아니라 불완전한 순간에서 태어난다. 너무 똑똑하게 살면 마음이 메마른다.

47

"인간은 타인을 완전히 알 수 없다."

 저 사람은 어떤 사람이라고 단정할 때까지 얼마 걸리지 않는다. 말투, 표정, 행동 몇 가지를 보고 타인을 쉽게 판단한다. 하지만 그 판단의 근거는 대부분 추측이다. 우리가 보는 건 한 개인의 일부일 뿐이고 그가 어떤 생각으로 그 행동을 했는지는 알 수 없다. 누군가가 무뚝뚝하면 차갑다고 말하고 자주 웃으면 성격이 밝다고 말한다. 같은 사람도 상황에 따라 전혀 다르게 행동할 수 있다는 사실은 배제하는 것이다. 피곤할 때는 냉정하고 여유로울 때는 당연히 따뜻할 수밖에 없다. 내가 본 한 순간만으로 그 사람 전체를 안다고 말할 것만큼 모순은 없다.

 심지어 가까운 관계에서도 마찬가지다. 가족이나 연인, 오래된 친구조차도 완전히 알 수 없다. 매일 보고 대화를 해도 상대가 어떤 이유로 그 말을 했는지 그 마음의 가장 안쪽에는 어떤 것이 있는지 알 수 없다. 오래 알고 지낸 사람에게서 가장 낯선 모습을 볼 때가 있지 않은가? 그런 모습을 발견하게 되는 이유는 그가 변한 게 아니라 우리가 처음부터 그 사람을 다 알지 못했다는 증거다. 인간은 불완전한 관찰자다. 눈으로 본 것을 사실이라 믿지만 시선은 언제나 제한적이고 선택적이다. 듣고 싶은 말만 듣고 보고 싶은 면만 본다. 명확한 사실이 아니라 나의 해석을 기억하게 되는 것이다. 누군가를 안다고 말할 때의 확신은 이해를 막는다. 이해했다고 믿는 순간 더 이상 들으려고 하지 않는다. 그의 본성, 그의 성품, 그가 처한 상황, 그날의 기분까지 그 무엇도 고려하지 않는다. 모든 판단은 요약이고 요약은 언제나 생략과 왜곡을 포함한다. 완벽한 이해는 불가능하다. 그러나 완벽한 오해는 피할 수 있다. 그 방법은 단 하나다. 나는 그 사람을 다 알지 못한다는 사실을 잊지 않는 것이다. 이 단순한 인식이 모든 인간관계의 균형을 지켜준다. 인간은 타인을 완벽히 이해할 수 없다.

48

"모든 사람은 자기 자신을
가장 중요하게 여긴다."

 누구나 한 번쯤은 이런 생각을 한다. 나는 왜 이렇게 내 일에만 예민한 것인가? 남이 힘들면 위로하면서도 정작 나에게 그런 일이 일어나면 위로의 수준으로 해결되지 않는다. 이런 현상은 단순한 성격의 문제가 아니다. 사람은 원래 자기중심으로 느끼고 생각하도록 만들어진 구조물이기 때문에 생기는 현상이다.

 사람은 세상을 모두 다 느낄 수 없다. 항상 자신이 서 있는 자리에서, 자신이 겪은 경험만으로 세상을 판단한다. 인간이 삶의 가치를 믿는 이유도 거기에 있다. 삶이 본래 아름다워서가 아니라 자신이 살아 있으니까 이 삶이 소중하게 느껴지는 것이다. 타인의 고통보다 자신의 하루가 더 크게 느껴지는 건 자연스러운 일이다. 타인의 불행은 뉴스가 되지만 자신의 불안은 현실이다. 누군가의 고통에는 잠시 눈살을 찌푸리지만 이내 나에게 고통이 닥쳐오면 타인의 고통은 금방 잊힌다. 그게 인간의 한계이자 구조다.

사람이 타인의 아픔을 완전히 공감하지 못하는 건 냉정함이 아니라 생존을 위한 본능이다. 만약 내가 인류 전체의 고통을 다 느낀다면 그 무게를 견딜 수 없을 것이다. 세상의 불행이 매일 내 가슴을 찌르는데 어떻게 살 수 있겠는가. 인간은 타인의 고통을 적당히 느끼는 능력을 통해 자신을 지키는 것이다. 이기심은 인간의 결함이자 곧 생명 유지의 장치다. 먹을 것을 나누기 전에 자신의 몫을 확보하는 것은 도덕 이전의 본능처럼 모두가 이타적으로 보이려 하지만 그 마음속에는 나도 안전해야 한다는 생각이 깔려 있다. 이 세상은 각자가 자신의 중심으로 본 작은 우주다. 누군가에게는 사소한 일이 다른 누군가에게는 인생의 전부일 수 있지만 그 사실을 종종 잊는다. 그래서 쉽게 판단하고 쉽게 비난한다. 하지만 그 판단의 기준조차 나의 관점에서 나의 기준에서 만들어진 것이다.

인간이 자신을 중심으로 세상을 보는 건 지극히 자연스러운 일이다. 결국 인간은 자기 자신이 가장 중요하다는 것을 다시 말하자면 자신을 먼저 챙기지 못하는 사람은 타인을 위해서도 오래 버티지 못한다는 뜻이다. 이기심을 죄로 보지 말고 그 안에 담긴 생존의 의지를 봐야 한다. 숨이 막히는 자는 남을 구할 수 없고 굶주린 사람은 나눌 수 없다. 살아남기 위해서는 먼저 자신을 챙겨야 한다. 사람은 자신이 충분히 충전되어 있을 때만 타인에게 진심으로 무언가를 줄 수 있다.

―――――― **49** ――――――

"모든 게 의미 없다고 느껴질 때 어떻게 살아야 하는가?"

  삶의 어느 시점이 되면 문득 이런 생각이 들 것이다. 인생이란 무엇인가? 이게 다 무슨 의미가 있는가? 열심히 일해도 아무리 노력해도 결국 모든 게 부질없는 것처럼 느껴진다. 아침이 예전처럼 반갑지 않고 해야 할 일은 많지만 해야 할 이유가 보이지 않는다. 일을 해도 성취감이 없고 사람을 만나도 대화는 공허하다. 그저 하루를 채우기 위해 몸을 움직일 뿐이다. 모든 게 톱니바퀴처럼 느껴진다. 잘 맞물려 돌아가는 것 같지만 어떤 이유로 돌아가는지는 모르는 것이다. 그때 인간은 삶의 방향을 잃고 모든 일에 이유를 찾으려 하지만 그 이유가 끝내 보이지 않을 것이다. 이런 순간은 지식이 인간에게 가하는 시련이다.

삶의 진실을 많이 알수록 세상이 얼마나 불완전한지 더 뚜렷이 보인다. 도덕은 절대적이지 않고 신념은 흔들리며 행복은 늘 조건부다. 그 사실을 알게 되는 순간부터 허무가 찾아온다. 노력해도 모두가 결국 비슷한 곳으로 귀결된다는 것을 느꼈기 때문이다. 대부분의 사람은 반복된 삶을 살면서 그다지 많은 생각을 하려 하지 않는다. 생각하지 않으면 편하기 때문이다. 하지만 한 번 삶의 근본적인 이유와 허무에 대한 생각이 시작되면 멈출 수 없다. 일, 관계, 성취, 돈, 명예 그 모든 것이 결국 무엇인가에 대한 물음이 끊임없이 머리를 채운다. 삶의 의미를 잃었다는 건, 사실 기존의 거짓된 의미에서 벗어나고 있다는 신호다. 우리는 그동안 세상의 기준에 맞춰 의미를 믿어 왔다. 성공하면 행복해야 하고 인정받으면 가치가 있다고 여겼다. 하지만 그것들은 외부에서 세워진 기준이다. 남이 세운 기준이 나의 삶의 허무를 채워주지 못할 때 진짜 나의 삶이 시작되는 것이다.

삶이 아무 의미도 없다는 깨달음은 절망처럼 들리지만 사실 그 말 안에는 자유가 있다. 더 이상 비교할 필요도 타인의 기준을 따라갈 필요도 없기 때문이다. 삶을 거대한 목적의 경주로 바라보던 시선을 거두면 비로소 한 걸음 한 걸음이 가벼워진다. 의미를 잃은 사람은 무기력해 보이지만 그는 세상의 허위로부터 한 걸음 떨어진 사람이다. 그는 더 이상 타인의 박수나 기준에 의지하지 않는다. 삶의 이유를 다시 재정립하고 다시 살아내기 시작한다. 이건 체념과 허무를 넘어선 회복이자 기존과는 다른 삶의 시작이다. 인생을 재정비하기 위해서는 지금의 삶에 끝없는 허무를 느껴야만 다시 삶을 되돌아보기 시작한다.

허무를 느끼는 사람은 게으른 사람이 아니다. 오히려 너무 많이 보고 너무 깊이 느낀 사람이지만 모든 게 덧없다는 것을 알면서도 그 덧없음 속에서 무언가를 붙잡으려 하는 의지가 있는 사람이다. 이제 필요한 것은 통과의 시간이다. 깊은 허무를 지나고 나면 사람이 달라진다. 예전에는 모든 걸 잡으려 했다면 이제는 놓을 줄 알게 된다. 모든 걸 설명하려 했던 마음이 그냥 받아들이는 쪽으로 바뀐다. 허무는 절망이 아니라 거짓된 위로를 버리고 진정한 평온으로 가는 길이다. 모든 게 덧없다고 느껴져도 그 덧없음을 알고도 살아가는 게 인간이다. 삶의 근본에 대한 깊은 허무는 인생의 두 번째 시작을 알리는 포문이다.

―――――― 50 ――――――

"사람을 관찰할 줄 아는 사람은
인생을 덜 힘들게 산다."

 관찰한다는 것은 눈에 보이는 것 너머의 무언가를 파악하는 것이다. 인생을 덜 괴롭게 살기 위해서는 관찰이 필요하고 대개 그 관찰은 심리적 관찰이다. 사람을 잘 관찰하는 사람은 쉽게 지치지 않는다. 타인의 행동 하나하나에 일일이 흔들리지 않고 말 한마디에 마음을 소모하지 않는다. 상대의 말이나 행동 그 단면을 보는 것이 아니라 그 말과 행동이 나온 이유를 먼저 본다. 이유를 알면 감정적 대응이 줄어들고 감정적인 에너지를 아끼면 인생이 편해진다.

 누군가는 사소한 일에도 쉽게 상처받는다. 왜 저렇게 말하지? 왜 저렇게 행동하지?라며 계속 곱씹는다. 하지만 사람의 행동에는 언제나 사정이 있다. 누군가는 불안해서 공격적이고 누군가는 인정받고 싶어서 과장한다. 그 내면의 이유를 알지 못하면 모든 행동이 나를 향한 일처럼 느껴진다. 하지만 심리적인 관찰을 잘하는 사람은 그렇지 않게 받아들인다. 나 때문이 아니라 그 사람의 문제라고 받아들이는 것이다. 사람의 겉모습 뒤에 있는 이유를 읽는 능력과 그 이유를 이해할 수 있는 눈이 있으면 삶이 훨씬 가벼워진다. 왜냐하면 인간관계 대부분의 피로는 저 사람은 왜 저럴까라는 의문에서 시작되기 때문이다.

사람을 분석적으로 본다는 것은 그를 판단하려는 게 아니라 그의 한계를 이해하려는 것이다. 누군가가 예민하게 반응하고 거칠게 행동할 때 그럴만한 이유를 떠올릴 수 있으면 감정이 곧 풀린다. 그건 연민이나 증오가 아니라 통찰이다. 삶의 고통은 대부분 사람에게서 온다. 타인을 조금만 깊이 들여다보면 분노보다 이해가 먼저 생긴다. 관찰하는 사람은 세상을 바라보는 시선 자체가 다르다. 보는 눈이 바뀌면 세상은 덜 피로해진다. 인간의 어리석음, 위선, 허영을 알아도 그 안에 있는 불안과 결핍을 함께 볼 줄 알면 감정적인 에너지를 사용할 일이 줄어든다. 누군가를 관찰하는 것은 결국 내 감정을 소모하지 않기 위한 지혜의 방패다. 극도로 이상한 사람을 만나거든 한발 물러나서 관찰하라. 나의 어떤 이유 때문에 그가 그렇게 반응하는 것이 아니라 스스로의 결핍과 부족함으로 인해 그렇게 행동한다는 것을 알게 될 것이다. 감정 소모를 줄여야 나를 잃지 않는다.

―――――― 51 ――――――

"똑똑할수록 삶은 외로워질 것이다."

앞서 심리적 관찰에 대해 서술하면서 인간을 이해하려는 태도가 왜 나의 감정을 지켜주는지에 대해 얘기했다. 하지만 짚고 넘어가야 하는 지점이 있다. 필요 이상으로 깊게 인간을 이해하려 하면 안 된다는 것이다. 이해의 깊이가 깊어질수록 이상한 일이 생긴다. 인간의 본성에 대한 이해는 늘어나지만 신뢰는 줄어든다. 좋은 말 뒤에 계산이 보이고 선한 행동 속에서도 욕망이 느껴진다. 인간을 너무 잘 알게 되면 인간의 선함보다는 인간 그 자체의 모순이 먼저 보이기 시작한다. 선하게 행동하는 이유는 종종 자신이 좋은 사람이라는 확신을 얻기 위한 연출일 때가 많고 도덕은 이익을 포장하는 언어가 되고 이타심은 인정받고 싶은 욕망의 또 다른 얼굴이라는 것을 알게 되는 것이다. 그 사실을 깨닫는 순간 인간에 대한 믿음이 조금씩 사라진다.

인간은 본질적으로 모순적인 존재다. 언제나 자신을 속이며 살아간다. 이해받고 싶지만 진심을 감추고 겸손해 보이려 하지만 속으로는 비교하고 도덕을 말하지만 결국 자신에게 유리한 것을 도덕이라고 여기는 것. 이 모든 것이 인간의 위선이다. 하지만 인간은 이런 위선을 가지지 않으면 살아남을 수가 없다. 생존을 위한 하나의 전략 같은 것이다. 문제는 그 구조를 너무 깊이 이해하면 모든 행동이 이익과 불안을 감싸는 껍질처럼 보이기 때문에 심리적 통찰은 필요하지만 그 눈이 너무 날카로워지면 세상을 견디기 어려워진다. 인간의 진실은 결코 아름답지 않다. 지식은 우리를 구하지 않지만 눈을 뜨게 한다. 한번 눈을 뜬 사람은 이전처럼 살 수 없다. 인간의 허위, 허위로 유지되는 세상의 존재. 이 사실을 받아들이면서 고독의 길로 들어서게 된다. 많이 이해할수록 대다수의 생각을 동조하기 어려워지고 인간을 많이 볼수록 믿을 수 없게 된다.

이 외로움은 피해야 할 병이 아니다. 세상을 있는 그대로 본 사람이 치러야 할 대가이자 자기 자신으로 사는 사람에게 주어진 숙명이다. 무지한 사람은 다 함께 믿고 오해하고 위로받으며 산다. 착한 착각 속에서 평온하게 산다. 그러나 인간을 제대로 볼 줄 아는 자는 그 무리에서 벗어난다. 똑똑한 사람은 진실을 회피하지 않기에 외롭다. 그렇다. 똑똑할수록 삶은 외로워질 것이다. 세상을 너무 잘 아는 자는 혼자 지내는 시간이 많아지겠지만 그 외로움 속에서만 진짜 자유가 시작된다. 외로움은 벌이 아니라 깨어 있는 자의 특권이다.

―――――― 52 ――――――

"진정한 자유란 자기 자신을 다스리는 것이다."

    사람들은 자유를 원한다. 간섭받지 않고 규칙에 얽매이지 않고 누구의 허락도 없이 살고 싶어 한다. 그런 자유는 약한 형태의 자유다. 아직 남의 통제에 벗어나는 단계에 머무른 자유기 때문이다. 진짜 자유는 그다음에 있다. 자신을 통제할 수 있을 때 얻는 자유가 바로 진정한 자유다.

    독립은 폭군의 마지막 체념이라는 말은 가장 정확한 인간의 진실이다. 지배욕이 강한 사람은 끊임없이 외부를 통제하려 한다. 사람을 조종하고 상황을 바꾸고 세상을 자신의 뜻대로 움직이려 하지만 결국 깨닫게 된다. 세상은 자신의 뜻대로 움직이지 않는다는 것을. 세상뿐 아니라 나 자신도 내 마음대로 움직이지 않는다는 것을. 그때 바로 진짜 독립이 시작된다. 사람들은 외부의 환경이 바뀌면 자유로워질 거라고 믿는다. 하지만 환경을 바꾼다고 해서 마음이 자유로워지는 것은 아니다. 아무리 좋은 곳에 있고 아무리 높은 성취를 이뤄도 내 안의 불안, 욕망, 분노, 비교심이 있다면 어디를 가도 나를 따라온다. 당신은 당신 자신을 다스릴 수 있는가라는 질문에 명확하게 대답할 수 있는가?

스스로를 다스린다는 건 억누른다는 뜻이 아니다. 자신의 감정과 욕망을 인식하고 그 에너지가 흐트러지지 않게 다루는 일이다. 자유는 절제가 없는 상태가 아니라 절제를 스스로 선택할 수 있는 상태. 외부의 통제를 거부하면서 내 욕망의 노예로 사는 사람을 과연 자유롭다고 할 수 있겠는가? 자유로운 인간은 세상과 싸우지 않고 자기 자신을 지배하는 사람이다. 분노가 올라오고 불안이 밀려올 때도 그 감정의 주인이 자신임을 잊지 않는다. 내가 통제하는 대상은 오직 하나, 자기 자신이라는 것을 누구보다 잘 알고 있다.

자신을 다스릴 줄 아는 사람은 겉으로는 조용하지만 내면은 그 무엇보다 단단하다. 승리나 패배에 크게 동요하지 않고 타인의 평가에 흔들리지도 않는다. 누군가에게 의존하지도 않는다. 진정한 독립은 바로 그런 상태다. 자기 안의 질서를 세울

줄 아는 단계. 세상을 통제하려는 욕망이 사라진 단계. 이런 단계는 포기가 아니라 완성이다. 결국 자유란 세상으로부터의 해방이 아니라 자기 자신으로부터의 해방이다. 자기 감정, 자기 욕망, 자기 불안으로부터 벗어나야 비로소 어떤 상황에서도 자유로울 수 있다. 세상을 지배하는 것보다 훨씬 더 어려운 것이 나 자신을 지배하는 것이다. 진짜 독립은 자신을 다스릴 줄 아는 것이다.

53

"고독은 도망치는 자에게는 감옥이지만 용기 있는 자에게는 집이다."

혼자 있는 시간을 사랑하는가? 혼자 있는 시간이 불안하지 않고 침묵을 견딜 수 있는가? 대부분의 사람은 고독을 두려워하기에 늘 소음 속에 머무르려 한다. 대화, 일 관계, 화면, 음악 끊임없이 자신을 둘러싼 무언가와 연결되어 있어야 안심한다. 하지만 그 연결이 끊겼을 때 찾아오는 정적이야말로 인간이 자기 자신을 마주하는 유일한 순간이다.

겁 많은 자는 오히려 고독을 모른다. 언제나 외부를 의식하기에 혼자 있어도 머릿속에서는 타인의 시선이나 평가가 함께 있다. 그렇기에 아무리 홀로 있어도 몸은 고립되어 있을 뿐 진정으로 고독하지 않다. 고독은 외로움과는 명확히 다른 감정이다. 외로움은 결핍에서 오지만 고독은 충만에서 온다. 고독은 나를 잃지 않기 위해 세상과 거리를 두는 훈련이다. 고독을 단순히 타인과의 분리 상태라고 여겨진다면 아직 고독을 이해하지 못한 것이다. 고독은 자기 내면의 중심으로 들어가는 과정이다. 한 번도 제대로 자신의 소리를 듣지 못했던 자는 조용한 소리에 잔혹함을 느낄 것이다. 그래서 약한 자는 고독을 견디지 못한다. 고독은 자신을 마주하는 용기가 없으면 한시도 견디기 어려운 감정이다.

나는 고독 속에서 진정한 나 자신을 찾았다. 그리고 그 안에서 나를 넘어설 길을 배웠지만 대부분의 인간은 고독이 무너진 상태라고 단정 짓는다. 무너진 것이 아니라 집중이고 세상과 단절된 것이 아니라 자기 자신과의 대화가 가장 치열한 전장이다. 모든 인간이 한 번은 통과해야 할 정신적 통과의례가 바로 고독이다. 무엇이 인간을 깨끗하게 만드는가? 바로 고독이다. 타인의 기대와 비교가 사라지고 가식과 역할이 벗겨지고 오직 진정한 나뿐만이 남는 것은 철저한 고독 속에서다. 그렇기에 고독은 약자에게 벌이 되지만 강자에게는 권리가 된다. 고독을 선택하겠다는 건 세상으로부터 도망치는 것이 아니라 세상의 소음 속에서도 자기 자신을 잃지 않겠다는 하나의 선언이다. 도피가 아니라 내면의 훈련이고 더 성숙한 정신을 갖기 위한 수련의 시간이다. 고독을 견뎌야 타인과의 관계에서도 자유롭다. 더 이상 사랑받기 위해 존재하지 않기 때문이다. 이미 자기 자신 안에서 충만한데 무엇을 더 원하겠는가? 고독은 도망치는 자에게는 감옥이지만 용기 있는 자에게는 집이다. 세상에서 멀어질수록 자신에게 가까워진다.

54

"진짜 예술은 청중이 없는 곳에서 태어난다."

 진정한 예술이 태어나는 곳은 청중이 없는 곳에서다. 누군가의 박수나 인정이 아니라 아무도 듣지 않는 공간에서 아무도 없는 순간에도 자기 목소리를 끝까지 내는 것이 진정한 예술이 탄생하는 순간이다. 진짜 예술가는 청중을 의식하지 않는다. 감탄을 얻기 위해 그림을 그리지 않고 세상을 설득하기 위해 연주하지 않는다. 세상이 이해하지 못하더라도 자신의 내면이 이해하는 소리를 만들어낸다. 외로움 속에서 창조하고 고독 속에서 완성한다.

 예술은 원래 혼자 하는 일이다. 사람들은 작품을 보고 감탄하지만 그 예술가는 오랜 시간 아무도 없는 어둠 속에서 싸워왔다. 시간이 멈춘 것 같은 고요 속에서 그는 타인의 시선이 아닌 자기 확신으로 버텼다. 자기 자신에 대한 신뢰 속에서 아무도 보지 않아도 계속하는 힘을 기르는 것이다. 초월자도 마찬가지다. 초월자는 청중 없는 예술가처럼 타인의 시선 없이 자신을 만든다. 세상이 정한 도덕, 관습, 기준, 가치를 따라 살지 않는다. 세상이 정한 옳고 그름보다 자신이 믿는 가치에 따라 움직인다. 남들이 옳다고 하는 길보다 자신이 옳다고 느끼는 길을 택한다. 그 길이 외롭고 때로는 오해받을지언정 두려워하지 않는다. 왜냐하면 타인의 인정보다 자신의 진실이 더 중요하기 때문이다.

세상은 늘 시끄럽다. 사람들은 평가하고 비교하고 정답을 요구한다. 하지만 초월자는 그 소리에 휘둘리지 않는다. 혼자 있을 때 더 선명해지고 조용할수록 더 강해진다. 그는 청중이 없는 무대 위에서 자기 삶의 연주를 끝까지 이어간다. 초월자는 완벽하지 않다. 두려움을 못 느끼는 존재가 아니다. 때로는 흔들리고 때로는 망설이기까지 하지만 중요한 것은 자신의 길을 포기 하지 않는다는 것이다. 진짜 예술이 청중을 기다리지 않듯 진짜 초월자는 세상의 이해를 기다리지 않는다. 그는 스스로의 이유로 존재하고 스스로의 기준으로 하루를 완성한다. 세상의 박수가 멈춰도 흔들리지 않는다. 초월자는 이미 자기 자신에게 승리한 사람이기 때문이다. 진짜 예술은 청중이 없는 곳에서 태어나고 초월자는 타인의 시선 없이 자신의 존재를 세운다. 남이 보지 않아도 끝까지 자기 자신으로 살아가는 것이 삶의 진정한 의미다.

55

"무표정한 사람은
이미 감정의 끝까지 갔다 온 사람이다."

 어떤 사람을 볼 때 유독 무표정한 사람이 있다. 그런 사람을 보면 흔히 차갑다는 평가를 내리지만 무표정한 사람들의 대부분은 이미 감정의 끝까지 갔다 온 사람이다. 기쁨도 분노도 절망도 사랑도 끝까지 느껴본 사람은 어느 순간 깨닫는다. 감정은 크면 클수록 자신을 소모시킨다는 것을. 사람에게 상처받고 기대가 무너지고 믿음이 깨질 때마다 감정은 점점 힘을 잃는다. 감정적 피로가 쌓이면 인간은 말보다 침묵을 선택하게 된다. 말로는 더 이상 설명되지 않는 지점이 있기 때문이다. 그 침묵 속에서 사람은 차분해진다. 이제는 격한 감정에 휘둘리지 않고 기쁨도 슬픔도 다 같은 선상으로 바라본다. 그것은 냉정이 아니라 피로에서 찾은 평온이다. 한때 뜨거웠던 마음이 식어서가 아니라 그 뜨거움이 자신을 얼마나 태워버렸는지를 아는 것이다. 하지만 세상은 그런 고요를 오해한다. 냉소적이라고 말하고 차갑다고 말한다. 그러나 얼핏 냉소처럼 보일 수 있는 무표정은 세상을 미워하는 것에서 오는 것이 아니다. 지나친 실망과 반복된 희망 끝에서 생긴 방어다. 한때는 믿었고 노력했고 바랐던 것들이 결국 자신을 지치게 했을 때 인간은 감정을 절약하기 시작한다. 그 절약의 형태가 겉으로는 냉소처럼 보이는 것이다. 다시 실망하지 않기 위해 기대하지 않는 것. 다시 상처받지 않기 위해 깊이 믿지 않는 것. 이것이 바로 냉소다.

인간이 감정에 지칠 땐 결국 자기 안으로 후퇴한다. 자신의 내면속에서는 누구도 다치지 않고 감정도 더 이상 폭발하지 않는다. 그 침묵 속에서 인간은 일종의 초탈에 이른다. 초탈은 감정의 부정이 아니다. 비관적으로 세상을 바라보는 것도 아니다. 그저 모든 감정을 깊게 경험하고 난 뒤에 절제를 하게 되는 것이다. 세상을 바꾸려 하지 않고 사람을 설득하지 않고 그냥 흘러가도록 두는 것은 무기력이 아니라 감정의 한계까지 가본 사람이 선택한 조용한 통제다.

무표정은 공허가 아니라 감정을 다 써버린 사람의 쉼표다.

한때는 감정으로 세상을 바꾸려 했지만 이제는 감정을 다스림으로써 자기 자신을 지킨다. 감정의 깊은 소모를 겪은 사람만이 감정 위에 서 있을 수 있다. 모든 감정은 언젠가 피로로 바뀐다. 한때 뜨거웠던 마음일수록 식은 뒤의 고요가 깊다.

―――――― 56 ――――――

"내가 사용하는 말을 바꾸면 생각도 달라진다."

 사람은 자신의 생각을 단어로 내뱉는다. 하지만 때로는 자신이 내뱉은 말대로 생각이 움직인다. 말이 먼저 생기고 그 말에 맞춰 사고가 정리되는 것이다. 언어는 사고의 도구이자 사고의 틀이다. 예를 들어 실패라는 단어를 쓰면 그 안에는 이미 끝, 패배, 부끄러움이라는 감정이 들어 있다. 똑같은 상황에서 시도라는 단어를 쓰면 그 안에는 진행, 가능성, 배움이 내포되어 있다. 같은 경험인데 단어 하나가 의미를 바꾸는 것이다. 결국 단어는 감정의 방향을 정하고 생각의 결론을 결정한다. 내가 단어를 고르는 경우도 있지만 반대로 단어가 나를 고르는 경우도 많다. 자주 쓰는 말, 익숙한 표현, 늘 반복하는 어투가 결국 사고의 습관이 되는 것이다. 부정적인 단어를 자주 쓰는 사람은 부정적이게 되고 회피하는 표현을 자주 쓰는 사람은 소극적인 사람이 된다. 말투는 단순한 버릇이 아니라 생각의 경로이기에 내가 사용하는 언어를 바꾸지 않으면 생각도 늘 같은 길을 돈다. 문제라고 부르는 순간 세상은 벽이 되고 과정이라고 부르면 세상은 길이 된다. 고통이라고 말하는 순간 인생은 괴로워지지만 경험이라고 말하는 순간 배움이 된다. 단어가 바뀌면 시선이 바뀌고 시선이 바뀌면 감정이 바뀌고 감정이 바뀌면 결국 판단이 달라진다. 언어는 단순한 소통의 도구를 넘어서 생각의 틀을 결정할 만큼 지대한 영향을 미친다. 생각을 바꾸고 싶다면 단어를 바꿔야 한다. 습관적으로 사용하는 단어가 지금의 나를 만든 셈이다.

내가 사용하는 단어는 내 마음의 구조를 결정한다. 무심코 쓰는 말 속에 내가 어떤 세계에 사는지가 드러난다. 한 번쯤은 멈추고 생각해야 할 때다. 나는 어떤 단어를 사용하며 살아가고 있는가? 그 말이 나를 더 단단하게 만들고 있는가? 아니면 더 불행하게 만들고 있는가? 습관적인 말이 습관적인 생각을 만든다. 내가 사용하는 단어를 바꾸는 것은 자기 인식의 새로운 틀을 짓는 일이다.

── 57 ──

"우리가 개를 쓰다듬듯 사람도 그렇게 다룬다."

개를 쓰다듬을 때 대가를 바라고 쓰다듬는가? 그렇지 않다. 부드럽게 쓰다듬고 개의 반응을 보며 한 번 더 손을 얹는다. 그저 귀엽게 느껴질 뿐이다. 그런데 그 단순한 행동 속에 이미 힘의 관계가 들어 있다. 쓰다듬는 쪽은 주인이고 쓰다듬음을 받는 쪽은 순종한다. 그 둘은 서로의 역할을 잘 알고 있다. 이런 모습은 인간관계에서도 쉽게 볼 수 있다. 사람은 개를 쓰다듬는 것처럼 서로를 대한다. 칭찬으로 상대를 부드럽게 만들고 호의로 경계를 풀어버린다. 물론 진심이 섞여 있을 수도 있지만 동시에 아주 계산된 사회적 기술이기도 하다. 좋은 사람으로 보이기 위해 부드럽게 말하고 가끔은 진심보다 더 다정한 표정을 짓는다. 그러면 상대는 마음을 열고 그 순간 긴장이 사라지고 관계는 안정된다. 이건 우정이라기보다 서로를 다루는 기술에 가깝다. 부드럽게 쓰다듬으면 누구든 순해진다는 걸 본능적으로 알고 있기에 가능한 행동이다. 개는 한 번만 쓰다듬어도 즉시 아첨하듯 반응한다. 이건 인간도 마찬가지다. 사람은 칭찬에 약하고 인정받으면 금세 마음을 연다. 인간의 구조는 그렇게 생겨 먹었다. 인정이 없으면 쉽게 메마르고 불안해진다. 칭찬 한마디면 태도가 바뀌고 인정 한 번이면 표정이 풀린다. 심지어 그게 진심이 아니라는 걸 알더라도 기분 좋은 반응이 오면 쉽게 넘어간다. 인정 욕구에 시달리기 때문이다. 사람은 듣기 좋은 말을 기억하고 자신을 높여주는 사람에게 마음을 연다. 그렇기에 아첨은 사라질 수 없다.

개는 단순히 꼬리를 흔들지만 인간은 언어와 표정을 사용한다. 칭찬, 겸손, 공감, 미소 모두 아첨의 또 다른 얼굴이다. 우리는 서로의 허영을 부드럽게 다듬으며 관계를 유지한다. 위선처럼 보이는 행동으로 최소한의 인간 사회가 돌아가지만 문제는 아첨이 너무 익숙해지면 진심과 기술의 경계가 흐려진다는 것이다. 진심으로 말하는 것과 진심인 척 말하는 것을 구분하지 못한다. 그래서 때로는 이런 질문이 필요하다.

나는 지금 사람을 대하고 있는가, 아니면 다루고 있는가?

그리고 나는 다른 사람에게 진심으로 대해지고 있는가, 아니면 길들여지고 있는가?

우리는 개처럼 아첨하고 개처럼 아첨 받으며 산다. 가끔은 개보다 인간이 더 교묘하게 꼬리를 흔든다.

58

"모든 인간은 누군가의 우위에 서고 싶어 한다."

 권력은 정치가의 문제라고 생각하겠지만 인간 본성의 구조다. 인간의 모든 감정과 행동 밑바닥에는 힘을 느끼고 싶어 하는 욕망이 흐른다. 밥을 먹고 돈을 벌고 사랑을 한다. 겉으로는 모두 생존을 위한 일처럼 보이지만 깊이 들여다보면 그 안에는 항상 비교의 감각이 숨어 있다. 다른 사람보다 조금 더 인정받고 싶고 조금 더 주도적인 위치에 있고 싶은 마음이 인간을 움직이게 만든다. 인간을 움직이는 것은 욕망도 필요도 있지만 그보다 더 강한 것은 권력이라는 악마다.

 사람은 생존이 보장되어도 행복하지 않다. 먹을 것이 있고 집이 있고 건강해도 내가 남보다 부족하다고 느끼면 금세 불행해진다. 반대로 가진 게 없어도 누군가보다 우위에 서 있다고 느끼면 만족한다. 자신이 살아 있다고 느끼는 순간은 언제나 일종의 권력을 얻었을 때다. 어린아이도 친구보다 더 큰 사탕을 원하고 어른은 동료보다 더 높은 지위를 원하며 예술가는 누군가보다 더 오래 기억되기를 원한다. 타인보다 우위에 선다는 것은 자신의 존재가 타인의 시선 속에서 확인된다는 뜻이다. 하지만 문제는 그 욕망이 끝이 없다는데 있다. 조금 더라는 생각이 반복되면 사람은 불행의 사슬에 묶인다. 항상 위를 바라보느라 현재를 보지 못하고 자신보다 잘난 사람을 기준으로 스스로를 평가하기에 언제나 자신에게 만족하지 못하고 불만이 커진다. 그런 인간을 부르는 말이 있다. 바로 끊임없이 허기를 느끼는 인간이다. 그렇다고 해서 그 욕망을 없앨 수 있는 것도 아니다. 그 악마를 없애려 하지 말고 다스려야 한다. 누구보다 우위에 서고 싶어 하는 마음을 부정하지 말고 그 에너지를 자기 자신에게 돌리는 것이다. 비교의 방향을 남이 아니라 어제의 나로 향하게 하는 것이 의지의 올바른 사용이다.

진짜 강한 사람은 타인 위에 서지 않는다. 그는 자신 안에서 올곧게 서 있는다. 그가 느끼는 우위는 누군가를 밟고 얻은 승리가 아니라 스스로를 이겨낸 확신에서 온다. 인간을 움직이는 근원적인 에너지는 반드시 필요하다. 에너지가 없으면 인간은 방향을 잃는다. 그러나 그 힘을 남을 지배하는데 쓰면 파괴가 되고 자신을 성장시키는데 쓰면 창조가 된다. 모든 인간이 누군가보다 우위에 서고 싶어 한다는 사실은 부끄러운 본능이 아니다. 그저 살아 있음을 느끼고자 하는 가장 인간적인 충동이다. 모든 인간은 힘을 원한다. 다만 그 힘이 어디로 향하느냐에 따라 인생은 전혀 다른 길을 걷는다. 진짜 강자는 타인에게 승리한 사람이 아니라 자신에게 승리한 사람이라는 사실을 잊어서는 안 된다.

59

"너 자신을 극복하라. 그대 안의 별을 잃지 마라."

인간은 누구나 자신 안에 두 개의 목소리를 가진다. 하나는 현실에 머물라고 속삭이고 다른 하나는 더 높은 곳으로 오르라고 부른다. 인간은 완성된 존재가 아니다. 여전히 만들어지는 중이며 자신을 넘어야만 살아 있는 존재다.

자기 극복이란 완전히 다른 사람이 되라는 뜻이 아니다. 그것은 지금의 자신을 새롭게 갱신하는 일이다. 편안함에 머무는 습관, 남의 눈을 의식하는 태도, 자기 연민 속에서 스스로를 묶어두는 마음 이 모든 걸 한 걸음씩 넘어서는 과정이다. 그 극복은 크고 거창한 결심이 아니라 어제의 나보다 조금이라도 나은 사람이 됐는가? 하는 질문으로 시작된다. 삶은 정체를 허락하지 않는다. 인간이 자기 자신을 넘어서야 하는 이유는 단순하다. 변화하지 않는 인간은 결국 환경에 휘둘리고 남이 만든 규칙 속에서 방향을 잃는다. 스스로를 넘지 못하면 결국 타인에게 흡수된다. 내가 나를 이기지 못하는데 무엇을 이길 수 있겠는가. 자신을 넘는다는 건 세상과 싸우는 것이 아니라 자기 내부와 싸우는 일이다. 자신의 두려움과 게으름을 다스리는 일이다.

그러나 조심해야 할 것은 그대 안의 별을 잃지 않는 것이다. 무언가를 넘어서려는 사람에게 가장 위험한 것은 방향을 잃는 것이다. 무작정 변화를 추구하다 보면 자신이 어디서 무엇 때문에 어디로 출발했는지를 잊는다. 별은 그 이유이자 중심이다. 명예나 성공이 아니라 스스로 세운 삶의 기준이 그대 안의 별이 되는 것이다. 그 기준이 사라지는 순간 인간의 극복은 성장이 아니라 방황이 된다. 자신을 극복한다는 것은 무조건 높이 오르는 일이 아니다. 불필요한 것을 버리고 필요한 것을 지키는 것이다. 모든 변화를 받아들이되 자신의 본질만은 흔들리지 않는 것이 별을 잃지 않는 것이다. 내가 옳다고 느끼는 방향으로 꾸준히 나아가는 것이 자기 자신에게 가장 정직한 삶이다.

자기 극복은 꾸준한 싸움이다. 인간은 늘 과거의 자신에게 끌려다닌다. 익숙함 속에서 안심하고 습관 속에서 자신을 잊는다. 하지만 어느 순간 깨닫게 된다. 안정은 더 이상 평화가 아니라 정체의 다른 이름이라는 것을. 변화를 두려워하지 말되 변화 속에서 자신을 버리지는 말라. 극복 없는 삶은 퇴보고 별을 잃은 극복은 망각이다. 스스로를 넘어선다는 것은 스스로를 부정하는 것이 아니라 더 나은 자신으로 확장하는 일이다. 별은 그 길을 비추는 등불이다. 그 빛이 흔들려도 꺼지지만 않으면 된다. 그 빛이 있는 한 인간은 다시 자신을 넘을 수 있다. 내가 세운 신념으로 더 나은 내가 되어라. 그것이 바로 초월자(Übermensch)다.

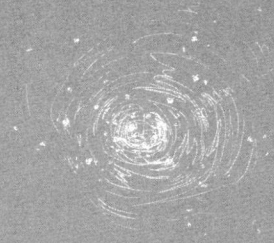

4장

Amor Fati – 고통까지 사랑하라

60

"결핍을 받아들일 때 진짜 매력이 생긴다."

　매력 없는 사람은 더 많은 가면을 쓰고 있는 사람이다. 자신의 결핍을 숨기기 위해 덕을 앞세우거나 냉소를 내세우거나 철학적인 태도로 자신을 꾸미는 사람은 매력이 없다. 겉으로는 단단해 보여도 그 안에는 결핍을 들킬까 봐 두려움 마음만이 자리 잡고 있다. 사람은 누구나 결핍을 가지고 있다. 성격의 모난 부분, 자신 없는 외모, 부족한 능력, 남보다 느린 배움의 속도, 가정의 불화 같은 것들. 어떤 사람은 그 결핍을 숨기기 위해 철저히 자신을 포장하지만 어떤 사람은 결핍을 인정한다.
　결핍을 숨기려는 사람은 피곤하다. 늘 연기하기 때문이다. 자신의 부족함을 숨기기 위해 진짜 자신으로 온전히 존재하지 못한다. 말과 행동, 표정 하나하나가 오직 자기방어일 뿐이다.

그런 사람에게서 매력을 느낄 수 있겠는가? 결핍을 인정하는 사람은 다르다. 그는 자신을 미화하지 않는다. 못난 부분이 있음을 알고 그것도 자기 일부로 받아들인다. 그 순간부터 자연스러움이 생긴다. 그 자연스러움이 바로 매력이다. 진짜 매력은 완벽함이 아니라 솔직함과 편안함에서 오기 때문에 결핍을 받아들인 자에게는 매력이 생긴다. 사람은 완벽한 사람에게는 감탄할지 몰라도 결핍을 드러내는 사람에게는 신뢰를 느낀다. 억지로 꾸미지 않기에 가까워지고 싶고 부족하지만 당당하기에 설득력이 있다. 그런 태도는 때로 나는 완벽하다는 것보다 훨씬 더 강력하다.

결핍을 받아들이는 것은 자기 이해의 시작이다. 나는 이런 존재라고 말할 수 있을 때 비로소 자신이 어떤 사람인지 명확해진다. 그 명확함이 인간을 단단하게 만든다. 자신을 이해했기 때문에 남을 부러워하지 않고 그 어떤 사람이 되려고 하지 않고 자기 자신이 되려고 한다. 자신의 결함을 있는 그대로 인식하고 다루는 힘이야말로 인간의 진정한 성숙이다. 결핍을 숨기면 불안이 자라지만 결핍을 받아들이면 균형이 생긴다. 자신의 결핍을 감추려 할수록 사람은 얕아지고 그 결핍을 받아들일수록 깊어진다. 결국 매력이란 완벽함의 산물이 아니라 부족함을 편안히 다루는 태도에서 비롯된다. 스스로의 결함을 부끄러워하지 않는 사람이야말로 진짜 자기 자신으로 선 사람이다. 결국 인간을 만드는 것은 결핍이다. 당신은 당신의 결핍을 사랑하는가?

---- **61** ----

"숨을 계속 들이마시기만 하면 질식하듯이 계속 밀어붙이기만 하면 인간은 부서져 버린다."

호흡에는 반드시 들숨과 날숨이 있다. 숨을 계속 들이마시기만 하면 질식하는 것처럼 삶도 마찬가지다. 계속 앞으로 나아가기만 하면 어느 순간 부서져 버린다. 그럼에도 불구하고 인간은 쉽게 멈추지 않는다. 시대가 흐르면서 이 현상은 더 가속화될 것이다. 성공해야 하고, 버텨야 하고, 이겨야 한다는 강박이 멈춤이라는 단어를 나약함으로 바꿔버릴 것이다.

힘의 의지는 인간에게 있어서 중요한 본능이다. 하지만 그 힘은 단순히 끝없이 움직이는 에너지가 아니다. 때로는 힘을 멈추고 다시 숨을 고르는 지혜를 포함하고 있다. 삶을 긍정하고 고통을 사랑한다는 건 자신의 모든 것을 소모하라는 말과는 다르다. 허나 사람들은 계속 들숨만 쉰다. 무언가를 배우고 쌓고 확장해야 한다는 생각에 계속 세상을 들이마시기만 한다. 쉬지 못하고 내려놓지 못한다. 그러다 결국 스스로의 한계를 넘어버리고는 질식한다. 모든 순간을 의미 있게 써야 한다는 압박이 삶을 고통스럽게 만든다.

심장은 수축과 이완을 반복한다. 파도는 밀려왔다가 물러간다. 인간은 모든 걸 쥐려 하지만 삶은 힌트를 준다. 모든 것을 꽉 쥐고 있거나 어느 한쪽으로만 치우친 건 아무것도 없다고 계속 알려준다. 가장 열정적으로 삶을 살아가는 사람도 가끔은 완전히 무력해지고 싶어 한다. 휴식의 본능이 있기 때문이다. 어쩌면 지금의 인간에게 가장 필요한 건 잠깐 내려놓는 휴식의 시간일지도 모른다. 모든 걸 계획하지 않고 잠시 통제하지 않고 삶이 조금은 엉망이어도 그 틈을 인정하는 것이다. 틈이 있어야 공기가 흐르고 삶에 정지가 있어야 회복되는 것들이 있다. 쉬는 건 게으름이 아니라 살아남기 위한 균형이다. 때로는 아무것도 하지 않는 게 가장 큰 행위다. 낭비가 아니라 회복을 하면서 더 큰 세계로 나아갈 힘을 비축하는 것이다. 자기 자신을 재정비하는 노력을 하지 않는 자는 결국 버티다가 무너진다.

삶은 들숨과 날숨의 반복이다. 계속 쥐고만 있으면 손은 경직되고 계속 달리기만 하면 다리는 버티지 못한다. 멈춘다는 것은 삶의 일부일 뿐이다. 방향을 잃는 게 아니라 리듬을 되찾는 일이다. 멈춤이 없다면 앞으로 나아갈 힘도 없다.

62

"진정한 성숙은 불필요한 것을 버리는 것이다."

 어릴 때 우리는 모든 것을 알고 싶어 한다. 모든 일을 해보고 싶어 하고 모든 것을 경험하고 싶어 한다. 그 시기는 에너지의 확장기다. 넘치는 에너지로 세상을 받아들이고 경험을 쌓는 시기다. 하지만 어느 순간부터는 그런 확장이 오히려 자신을 흩어놓는다. 너무 많은 방향으로 뻗은 가지는 결국 중심을 잃는 것과 비슷하다. 지식이 늘고 경험이 쌓이고 관계가 넓어지고 재산이 많아지는 것은 성숙이 아니다. 어느 시점이 지나면 깨닫게 될 것이다. 너무 많은 게 오히려 나를 무겁게 만든다는 것을. 성숙이란 쌓는 게 아니라 버리는 일이기 때문이다. 내가 어떤 사람인지, 무엇을 진짜 원하고 무엇에 휘둘리는지를 구분하기 위해서는 반드시 덜어내야 한다. 불필요한 감정과 불필요한 사물, 너무 넘치는 환경을 솎아 내야지만 비로소 나의 모양이 드러난다. 이런 인간을 나는 정화된 인간이라고 부른다. 많은 일을 하거나 많은 것을 소유한 사람이 아니라 자기 안의 모순을 줄인 사람. 덜어낼 수 있을 만큼 덜어낸 인간이 바로 정화된 인간이다.

세상은 이미 충분히 가득 차 있지 않은가? 나라는 한 인간 역시 너무 많은 것을 추구하며 살지 않았는가? 이미 충분하지 않은가? 쓸데없는 말이 많을수록 중심이 약하고 불필요한 욕망이 많을수록 방향이 흐려진다. 그 무엇이든 많이 가지고 있다고 해서 무작정 좋은 건 아무것도 없다. 나이가 들수록 해야 하는 일은 불필요한 것을 버리는 것이다. 자기 안에서 여러 충돌을 거치면서 불필요한 것들을 버리기 시작하면 삶이 하나의 리듬으로 정리되면서 내면이 단단해진다. 그 단단함이 바로 성숙이다. 새로운 공간이 생겨야 새로운 것이 들어온다. 성장은 높이 쌓는 게 아니라 쌓인 것 중 무엇을 버릴지 결정하는 일이다. 나를 단순하게 만드는 용기가 나를 더 행복한 사람으로 이끌고 더 자유로운 사람으로 이끈다. 많이 가지려고 하지 말고 필요한 것만 가져라. 인생은 그렇게 많은 것을 가지고 있지 않아도 충분하다. 덜어낼수록 본질이 또렷해진다. 이제는 덜 가질 때가 됐다.

63

"신이 인간에게 준 가장 잔혹한 선물은 희망이다."

　판도라의 상자를 아는가? 판도라는 신들로부터 하나의 상자를 선물 받았다. 겉모습이 무척 아름다웠기에 사람들에게 행복의 상자라고 불렸다. 하지만 그녀가 상자를 열자 그 안에 있던 살아 움직이는 모든 재앙들이 세상으로 흩어져 나왔다. 그때부터 지금까지 재앙들은 밤낮으로 인간을 괴롭히며 떠돌고 있다. 그러나 신의 명령에 따라 판도라가 서둘러 뚜껑을 닫은 덕분에 단 하나의 재앙만은 상자 속에 여전히 남아 있다. 인간은 그 행복의 상자를 영원히 집 안에 간직하며 그 안에 딱 하나 남은 재앙을 보물이라고 여기며 스스로 행복하다고 믿는다. 마지막 남은 재앙은 바로 희망이다.

인간은 고통을 견디기 위해 희망을 붙잡는다. 그러나 희망이야말로 신이 만든 가장 정교한 속박이다. 인간이 스스로 생을 포기하지 않도록 고통 속에서도 계속 살아가도록 만들었다. 그 장치는 단순하다. 내일은 나아질 것이라는 생각을 심어주는 것이다. 희망은 언제나 아름다운 이름으로 포장된다. 사랑처럼 달콤하고 신념처럼 고결하다. 그러나 그 달콤함은 인간을 현실에서 더 멀어지게 만든다. 지금의 고통을 견디게 하는 대신 고통이 끝나지 않게 만든다. 희망이 없다면 인간은 절망 속에서 진실을 보지만 희망이 있는 한 인간은 스스로를 속인다. 실패한 자는 다음에 잘될 것이라고 말하고 병든 자는 곧 나을 것이라고 속삭인다. 희망은 절망의 연장이다. 희망이 있는 자는 언제나 기다린다. 내일의 구원, 누군가의 변화, 운명의 반전을 기다리며 미래라는 허상 속에서 살아간다. 내일을 믿음으로써 오늘의 현실을 외면하는 것은 고통을 지연시키는 일종의 독이다.

희망을 버린 자는 진실을 본다. 내일이 더 나아질 거라며 헛된 기대를 하지 않고 지금 이 순간 무엇을 해야 하는지를 생각한다. 병에 걸렸을 때도 언젠가 나을 거라며 하루하루 악화되는 것이 아니라 지금 당장 나을 수 있는 방법을 찾는다. 내일을 보지 않기 때문에 시선이 오직 지금을 향하는 것이다. 고통을 피하거나 의미 없는 낙관으로 기대를 하는 것이 아니라 고통을 정면으로 통과하게 된다. 아무런 희망도 없는데 무엇을 기다리겠는가? 그저 지금 뚫어야 할 뿐이다. 삶이란 완성되어 주어지는 선물이 아니라 끊임없이 새로 빚어야 하는 것이다. 고통은 그 조각의 흔적이며 절망은 도구의 날이다. 그것이 인간의 삶을 빚는다. 희망을 버린 자는 지금을 얻는다. 내일의 구원을 바라지 않기에 오늘의 고통을 자기의 힘으로 전환 시킨다. 기다리지 말고 정면으로 마주하라. 희망을 버리고 고통을 견뎌라. 진정한 삶은 내일을 기다리는 것이 아니라 현실을 있는 그대로 받아들이는 것이다. 희망은 위안이 아니라 환상이다.

64

"인간은 자신이 얼마나 약한 존재인지 모른다."

인간은 자신이 강하다고 믿는다. 위기 앞에서도 의지를 말하고 고통 속에서도 의미를 찾기에 스스로 강하다고 믿지만 이 믿음은 경험의 부재에서 비롯된 착각에 불과하다. 아직 충분히 부서져 본 적이 없기 때문에 스스로를 견고하다고 생각하는 것뿐이다. 하지만 한 순간의 상실, 한 번의 배신, 한 마디의 모욕만으로도 인간의 자존은 무너진다. 그제야 깨닫는다. 나의 정신은 강철이 아니라 얇은 유리처럼 쉽게 깨지는 물질이었다는 것을.

인간은 환경에 휘둘리는 존재다. 환경이 부패하면 인간도 부패하고 선한 자도 오랫동안 비참한 환경에 머물면 결국 비참한 사람이 된다. 환경의 힘이 한 개인의 성품보다 더 크기 때문이다. 인간은 자신이 약하다는 사실을 부정하기 위해 도덕을 만든다. 도덕은 본질적으로 자신을 정당화하는 장치다. 스스로를 통제할 수 없을 때 통제하고 있다고 믿기 위해 법칙을 세우는 것이다. 인간이 진정으로 강해지려면 가면을 벗은 인간이 되어야 한다. 거짓된 도덕의 보호막을 벗겨내야 한다. 내가 내 생각보다 훨씬 더 나약한 존재였다는 사실을 받아들이는 건 힘든 일일 것이다. 인간은 애초에 인정을 쉽게 하는 동물이 아니다. 그런 본능을 가진 인간이 자기 자신이 나약하다는 것까지 인정하는 건 애초에 어려운 일이다. 하지만 언젠가는 반드시 인정해야 하는 순간이 온다.

진정한 강자는 환경에 의존하지 않는다. 자기 자신의 한계와 나약함을 동시에 받아들인다. 내가 흔들릴 수 있는 존재임을 알면 인생이 흔들릴 때 견디는 법을 찾게 된다. 내가 나약한 존재라는 것을 알게 되면 어떻게 하면 더 강해질 수 있을지 고민하게 된다. 그런 사람에게 고통은 그저 훈련이며 혼돈은 나를 성장 시키는 재료일 뿐이다. 인간은 아직 충분히 무너져 보지 않았기 때문에 자신이 얼마나 약한 존재인지 알지 못하지만 언젠가 반드시 무너질 것이다. 그때 두 가지 길이 있다. 무너짐을 부정하고 현실을 부정하는 것. 그 무너짐을 인정하고 거기서부터 다시 자신을 세우는 것. 전자는 그저 볼품없는 인간이 될 뿐이지만 후자는 창조자가 된다. 고통을 의미로 바꾸고 상처를 통찰로 바꾸며 무너진 자리를 힘의 근원으로 만든다. 인간은 강한 것이 아니라 아직 부서질 차례가 오지 않은 것이다. 자신이 얼마나 나약한지를 깨달았을 때가 진짜 강한 내가 될 수 있는 시작점이다.

65

"사람들은 싫다고 말할 용기가 없다."

 침묵은 미덕이고 인내는 고귀한 감정이다. 하지만 침묵과 인내가 전혀 다르게 작용할 때가 있다. 거절을 할 때다. 대부분의 인간은 자신이 고통을 감수하더라도 불화를 피하려 한다. 싫은 일을 참으면서 하고 싫다는 말을 참으면서 산다. 관계에서 벗어나고 질서에서 이탈하며 평판을 잃기 싫기에 침묵하는 것이다. 타인의 눈에 비치는 자신의 이미지를 유지하기 위해 진심을 감춘다. 결국 자기 인생을 살지 않고 타인의 기대를 수행하다가 죽는다. 비겁한 삶이다. 집단의 분위기를 읽고 다수의 방향에 자신을 맞추는 것. 자기 의지를 예의라는 이름으로 거세당하는 것. 자신을 지키기 위해 타인을 거스르는 법을 알지 못하는 것. 이 모든 것은 그저 겁일 뿐이다. 나는 착하다고 믿고 싶지만 거절할 용기가 없을 뿐이다.

그렇다면 인간은 거절 대신 무엇을 택하는가? 끝까지 견디는 것을 선택한다. 불합리한 관계와 무가치한 일도 부당한 요구도 모두 받아들인다. 혼자 있는 것보다 굴복하는 편을 택해서 거절로 인한 고립을 막는 것이다. 그런 삶은 누군가의 승인 아래 사는 삶이다. 싫다고 말하는 것은 단순히 어떠한 사실을 부정하는 것이 아니다. 자기 경계를 말하는 것이다. 내가 할 수 있는 것을 거절하지 않는 건 문제가 되지 않는다. 그러나 자신의 한계를 넘어섰는데도 거절하지 못하는 건 전혀 다른 일이다. 늘 좋은 사람이라는 감옥 속에서 얼마나 많은 거절을 참아오며 살았는가? 자신의 생각을 감추는 삶은 노예와 다를 바가 없다. 육체가 아니라 양심이 속박된다. 싫다고 말할 줄 모르는 인간은 아무것도 만들지 못하고 남이 만든 질서 속에서 살아가야 한다. 평화를 위해 자신을 억누르지 말라. 그 평화는 썩은 평화다.

싫다는 말은 불편하고 때로는 거칠고 불화를 만든다. 그러나 모든 관계는 부딪혀야 진짜 모습을 드러낸다. 그 불편함을 견딜 수 있을 때 타인과의 관계에서도 자기 내면에서도 독립할 수 있다. 타인을 기쁘게 하는 대신 스스로에게 진실할 때가 되지 않았는가? 인간은 결국 두 부류로 나뉜다. 침묵으로 사랑받는 자와 거절로 자유를 얻는 자. 거절하지 못하는 대가는 평생의 불만으로 돌아온다. 인간은 예의를 택하고 그 대가로 자신을 잃는다. 진정한 자유는 싫다는 말 한마디에서 시작된다.

66

"인간의 행동은 세 가지 감정이 지배한다. 허영, 습관, 두려움."

대부분의 사람은 스스로를 이성적인 사람으로 생각하겠지만 선택은 언제나 감정의 결과인 경우가 많다. 이성은 단지 그 감정을 정당화하는 변명일 뿐이다. 인간의 모든 행동은 허영, 습관, 두려움 이 세가지 감정의 지배를 받는다. 허영은 인간이 더 많은 것을 갈망하게 만들고 두려움은 밑으로 끌어내리며 습관은 그 둘 사이에서 반복을 만든다. 인간의 도덕, 관계, 사회를 지탱하는 보이지 않는 법칙이 이 세 가지 감정이다.

허영은 양가적인 감정이다. 존경받고 싶어 노력하고 인정받기 위해 헌신하지만 타인의 시선에 의존하기 때문에 한순간에 타락으로 빠질 수 있다. 인간을 창조하게도 타락하게도 만드는 감정이 허영이다. 인간을 움직이지만 동시에 인간을 노예로 만드는 것이다. 인간 대부분의 행동은 사고의 결과가 아니라 반복의 산물이다. 생각해서 행동한다고 하지만 하나씩 펼쳐보면 그저 익숙한 방식으로만 움직이고 있을 뿐이다. 습관은 안정이라는 이름으로 인간의 의지를 마비시킨다. 습관은 신념보다 강하고 그 어떤 이유보다 먼저 선택된다. 습관 속에 갇혀 자신이 가장 편하고 가장 빠르게 할 수 있는 선택만을 내리면서 성장하지 못하고 그 안에서 천천히 낡아간다. 두려움은 인간의 행동을 가장 확실하게 조종한다. 인간은 위험을 피하기 위해 움직인다. 누군가가 진실을 말한다면 그것은 거짓말을 하지 않기 위해서가 아니라 들킬까 봐 두려워서 진실을 말하는 것과 같은 이치다.

허영은 두려움을 낳고 두려움은 습관을 만든다. 습관은 다시 허영을 유지시키면서 이 세 감정은 서로를 강화한다. 이 순환 안에서 인간은 자신을 합리화하기 때문에 점점 더 단단하게 감정의 노예가 된다. 허영을 자각하면 창조의 힘이 되고 습관을 의식하면 규율이 되고 두려움을 통제하면 경계심이 된다. 감정을 지배하지 않으면 스스로 이성적이라고 생각할지언정 실상은 감정의 기계일 뿐이다. 인간은 자신이 얼마나 감정의 지배를 받는지 인식할 때에 비로소 독립한다. 자신의 작동 원리를 모른 채 그저 따르기만 할 때 감정의 노예가 된다. 하지만 감정을 인식하는 순간 인간은 스스로의 주인이 된다. 감정의 노예로 살 것인가? 감정의 주인으로 살 것인가?

67

"자신의 생을 마무리할 시점을 결정하는 것은 궁극의 자유다."

인간은 태어날 때 스스로 선택하지 않았다. 모든 인간의 삶은 불가피한 시작이다. 삶은 주어진 것이지만 죽음은 결정될 수 있다. 삶의 마지막을 스스로 정하는 행위는 단순한 종결이 아니라 인간이 처음으로 자기 존재의 주인이 되는 순간이다.

많은 이들은 생명을 유지하는 것만으로도 의무를 다했다고 믿는다. 그러나 삶을 길게 유지하는 것과 충만하게 사는 것은 다른 문제다. 하루 더 살았다는 말 속에는 숭고함이 있다고 착각하지만 아무 의미 없는 하루의 연장이라면 무슨 의미가 있겠는가? 몸은 여전히 살아있지만 의지는 이미 죽어 있다면 이것은 생존이지 삶이 아니다. 삶이란 단순히 시간의 흐름이 아니라 자신이 자기 의지를 가지고 주체적으로 선택하고 느끼고 해쳐나가면서 사는 것이다. 죽음을 스스로 정할 수 있다는 것은 인간이 더 이상 외부의 힘에 종속되지 않는다는 뜻이다. 결정의 주체성이 생기는 것이다. 사회의 시선, 도덕이 강요한 생존의 미덕을 모두 거부하는 것이다. 죽음은 생에 대한 거부가 아니라 완성된 선택이다.

이러한 사실은 단순히 육체가 늙었다는 것에서 기인하지 않는다. 육체가 약해지더라도 의지가 살아 있다면 그는 여전히 자유롭다. 그러나 의지가 죽는 순간부터 인간은 단지 생리적인 존재로 전락한다. 그때 삶은 더 이상 목적이 아니라 습관이 될 뿐이다. 자신의 죽음을 결정하는 행위는 그 육체의 주인으로 돌아가는 일이다. 동물은 죽음을 모른다. 그러나 인간은 죽음을 인식하기 때문에 그 형태를 결정할 수 있다. 삶을 존중한다는 말은 단지 생명을 유지하라는 뜻이 아니다. 삶을 존중한다는 것은 그것을 스스로 결정할 수 있는 상태로 유지하는 것이다. 죽음을 스스로 정할 수 없는 자는 결코 자기 삶을 살지 못한다.

나는 나의 시작을 선택하지 않았지만 나의 끝은 내가 선택한다. 이 한 문장 속에 인간의 존엄이 모두 담겨 있다. 단순히 오래 사는 것이 미덕이 아니다. 생의 의지를 가지고 사는 것이 진정한 미덕이다.

68

"사람은 당장의 이익보다
오래 남는 이익을 생각할 때 비로소 인간이 된다."

    동물은 본능으로 산다. 동물의 행동은 언제나 눈앞의 이익을 향한다. 굶주리면 먹고 두려우면 도망친다. 그에게 내일은 없다. 인간이 동물과 다른 점이 있다면 그것은 지속을 생각하는 능력, 즉 지금이 아니라 지금 이후를 상상할 수 있는 능력이 있다는 것이다. 이 능력이 생기는 순간 인간은 처음으로 본능의 속박에서 벗어난 존재가 됐다.

    인간은 즉각적인 쾌락보다 유익함의 지속성을 고려하기 시작했다. 지금의 이익 대신 앞으로의 유익을 계산한다. 부정한 거래로 당장의 이익을 얻을 수 있지만 신뢰를 잃으면 앞으로의 기회는 사라진다. 순간의 분노로 상대를 공격하면 속은 시

원하지만 관계는 무너진다. 타인을 도구로 쓰면 단기적 결과는 빠르지만 더 이상 내 곁에 아무도 남아 있지 않는다. 값비싼 물건, 유행, 자극 같은 즉시의 쾌락을 택하지 않고 건강, 지식, 경험 같은 지속적인 가치에 투자한다. 더 오래, 더 의미 있게 살기 위해 오래 남는 이익을 선택하는 것이 인간의 첫 번째 자각이다.

그러나 대부분의 인간은 여전히 동물적 계산에 머문다. 장기적인 이익을 원한다고 말하지만 실제로는 단기적 만족을 포기하지 못한다. 여전히 불안과 탐욕이 숨어 있기에 현명한 선택이라는 핑계로 단기적인 이익을 선택한다. 진정한 인간은 오래 남는 이익을 선택할 줄 아는 자다. 순간의 이득을 버릴 줄 알고 현재의 고통을 감내할 줄 안다. 그에게 이익은 즉각적인 소유가 아니라 삶의 방향과 일관성이다. 인간이 서로 협력하고 타협하며 규칙을 만든 이유도 지금 싸워서 얻는 이익보다 오래 공존하며 얻는 이익을 택했기 때문이다. 오래 남는 이익을 선택한다는 것은 단순히 계산적인 존재로 치부되는 것이 아니다. 지금의 욕망을 제어함으로써 자신을 넘어서는 초월자가 되는 것이다. 지금의 나보다 내일의 나에게 책임을 지면서 사는 것이다. 용기 있는 선택이고 절제를 할 줄 아는 것이다. 당장의 쾌락을 버리는 일은 언제나 불안하다. 불확실한 미래를 믿는 일은 위험하고 눈앞의 이익은 언제나 달콤해 보인다. 그래서 대부분의 사람이 지금 당장 누릴 수 있는 이기심, 쾌락, 만족, 돈 같은 확실한 보상을 선택하지만 그 선택이 인간을 동물로 되돌린다는 것은 알지 못한다. 오래 남는 이익을 생각하는 태도만이 인간을 이성적 존재로 만든다. 당장의 보상이 아니라 오래 남는 의미를 추구할 때 비로소 인간은 인간다워진다.

―――― **69** ――――

"인간은 익숙한 불행에 중독된다."

  불행을 견디는 방법은 살아가면서 배우지만 그 불행을 버리는 법은 좀처럼 배우지 못한다. 고통을 싫어하면서도 고통이 주는 안정감에 머물게 되는 것이다. 낯선 평화보다 익숙한 불행이 더 편하기 때문에 인간은 불행에 중독된다. 이것이 인간이 벗어나지 못하는 가장 오래된 습관이다.

  늘 같은 생각을 되풀이한다. 이미 자신을 괴롭힌 기억을 마치 오래된 기도문처럼 매일 되새긴다. 그 고통이 실제로는 아무 의미가 없다는 걸 알면서도 그 생각 속에서 묘한 위안을 얻는다. 익숙한 불행이 나를 붙잡고 있는 것이다. 자신을 소모시키는 관계를 끊지 못하는 것도 마찬가지다. 상처받는 일보다 혼자 있는 일이 더 낯설게 느껴지기에 상처 속에서 머문다. 인간은 분노를 통해 살아 있음을 느낀다. 화를 내면 스스로를 지켜낸 듯한 감각을 얻는다. 그러나 분노는 아무것도 바꾸지 못하지만 분노라는 익숙한 감정의 형태 안에서 안정을 얻는 것이다. 분노는 불행의 반복이다. 쉼 없이 움직여야 살아있다고 느끼는가? 그러나 쉼 없는 움직임은 목적이 아니라 그저 도피다. 가만히 멈추면 자신이 아무것도 아니란 생각이 찾아오기 때문에 바쁨 속에서 자신을 잊고 망각 속에서 안심하는 것뿐이다. 어떤 이는 자신을 비난하는 습관에 길들여져 있다. 세상은 바꿀 수 없지만 자신을 꾸짖는 일은 쉽기에 자신을 상처 입는 행동에 중독된다.

이렇듯 인간은 나쁜 습관도 반복해서 하다 보면 익숙한 감정으로 느낀다. 반복의 마취 상태에 빠진다. 같은 실수를 되풀이하면서 자기 삶이라고 부른다. 결국 인간은 고통이 아무리 싫어도 불확실함이 더 두려워서 멈추지 않는다. 불행 속에서 자신을 확인하고 그 확인 속에 자신을 묶어둔다. 하지만 절대 불행은 사라지지 않을 것이다. 이미 나의 습관이 되었기 때문이다. 인간은 고통 그 자체가 아니라 익숙함에 중독된다. 불행이 반복되는 이유는 나를 불행하게 만드는 것들을 내가 계속 반복하고 있기 때문이다. 인간은 불행도 익숙해지면 중독된다.

70

"살아야 할 이유를 아는 사람은 거의 모든 고통을 견딜 수 있다."

고통은 두려운 존재처럼 느껴진다. 하지만 사실 고통보다 더 견디기 어려운 것은 무의미다. 이유가 있을 때 고통은 견딜 수 있지만 이유가 없는 고통은 단 한 순간도 참을 수 없다. 여기서 말하는 이유란 그 고통의 원인을 뜻하는 것이 아니라 내가 삶을 살아야 할 이유다. 자신이 살아야 할 이유가 분명한 사람에게는 더 이상 고통은 고통이 되지 않는다. 왜 살아야 하는가를 알고 있는 사람에게는 그저 증명일 뿐이다.

의미 없는 고통은 공허하다. 방향도 없고 교훈도 없다. 자기 자신이 불쌍하게 느껴질 뿐이고 세상이 원망스러울 뿐이다. 삶은 늘 불완전하다. 그 불완전함을 견디게 하는 것은 행복이 아니라 방향이다. 행복은 순간 느끼고 사라지는 거지만 방향은 앞으로 나아갈 길이 되어준다. 방향을 가진 자는 불행 속에서도 자신을 잃지 않는다. 망망대해에서 길을 잃었을 때, 등대가 있다면 그 작은 불빛으로 인해 항해할 수 있는 것이 인간이다. 그보다 훨씬 평온한 몇 개의 갈림길 앞에서도 아무런 방향이 느껴지지 않는다면 길을 잃는 것이 인간이다. 목적 없는 삶은 방황이 된다.

살아야 할 이유란 자신이 스스로 만들어낸 의미여야 한다. 단순한 신념이나 타인이 주입한 가치관 같은 것이 아니다. 타인의 인정이나 도덕적 규율에서 삶의 이유가 온다면 그건 삶의 이유가 아니라 복종의 근거일 뿐이다. 신념은 남이 만들어준 문장을 반복하는 것이고 의미는 자기 경험으로 새 문장을 쓰는 것이다. 신념은 외워진 말이지만 의미는 나의 상처에서 자라난 경험이다. 누군가가 그렇게 살아야 옳다고 말할 때 그 길은 이미 남의 길이다. 내 삶의 이유는 내가 선택한 것이어야 하고 내가 직접 감당할 수 있는 자기 서사여야 한다. 그 어떤 것도 삶의 이유가 될 수 있다. 중요한 건 그 이유가 내 안에서 솟았냐는 것이다. 인간이 만든 가장 큰 착각은 삶의 이유를 발견해야 한다고 믿는 것이다. 그러나 살아가야 할 이유는 발견되는 것이 아니라 나의 삶에서 창조되는 것이다.

    삶은 끝없이 흔들린다. 고통이 없으면 인간은 나태해지고 고통이 지나치면 절망에 빠진다. 그 사이에서 균형을 잡아주는 것이 살아야 할 이유다. 살아야 할 이유를 아는 사람은 고통의 한가운데서도 왜 살아야 하는가를 묻지 않는다. 그는 삶을 견디는 것이 아니라 스스로 다시 만들어 나간다. 고통은 짐이 아니라 존재의 형식이다. 그렇기에 어떤 고통에도 부서지지 않는 사람은 오직 살아야 할 이유를 알고 있는 사람이다. 고통은 인간을 부수지 않는다. 단지 삶의 이유를 시험할 뿐이다.

── 71 ──

"너 자신이 되어라."

 인간은 태어나는 그 순간 타인의 기준속으로 들어간다. 부모는 아이에게 이름을 주고 사회는 그 이름에 의미를 부여한다. 그때부터 인간은 자신이 아니라 남이 기대하는 인간으로 살아가기 시작한다. 남의 눈에 괜찮은 사람, 남이 원하는 역할, 남이 불편해하지 않는 존재가 된다. 그 과정에서 점점 자신이라는 원형을 잃어간다.
 너 자신이 되어라. 이 말은 삶을 향한 가장 근본적인 반항이다. 누군가가 옳은 것을 말할 때 누가 그것을 옳다고 정했는가? 라고 되묻는 것이다. 그 질문을 던지는 순간부터 인간은 비로소 자유로워진다. 타인의 기준이 아닌 자기의 기준으로 살아가기 시작하기 때문이다. 자신이 된다는 것은 단순히 본능에 충실하라는 말이 아니다. 그것은 자신의 가치 체계를 창조하고 스스로의 질서를 세우는 일이다. 타인의 만들어 놓은 선과 악, 옳음과 그름의 잣대를 버리고 자기 안의 기준으로 스스로 규정하는 것. 이것이 초월자(Übermensch)의 첫걸음이다.

그러나 자신이 된다는 일은 결코 쉽지 않다. 스스로가 되려면 먼저 자신이 아닌 모든 것을 버려야 한다. 가식, 기대, 도덕 심지어는 사랑받고 싶은 욕망까지도. 외로움을 견뎌야 하고 고독 속에서 자신을 새로 빚어야 한다. 인생은 하나의 실험이다. 오늘의 나를 부수고 내일의 나를 만들면서 사는 것이다. 자신이 된다는 것은 남보다 위대해지려는 것이 아니다. 자기 자신과의 일치다. 지금의 삶을 되돌아봤을 때 진정으로 자신답게 살았다고 할 수 있겠는가? 지나온 삶이 만족스러운가? 내가 느끼는 것과 내 행동이 어긋나지 않는 상태. 타인의 기준이 아니라 진짜 나의 기준으로 사는 것. 그렇게 생각과 욕망이 일치된 적이 있었는가?

너는 다른 사람이 되려 하지 말고, 너 안의 가장 깊은 가능성을 실현해야 한다. 그 가능성은 누구에게나 다르다. 누군가에게는 사유일 수도 있고 누군가에게는 사랑일 수도 있고 누군가에게는 희생일 수도 있다. 그것이 무엇이든 그것이 너답다면 충분하다. 자신이 된다는 것은 정직해지는 일이다. 세상의 기대에 맞추지 않고 자기 존재의 진실에 맞추는 것이다. 자신이 된다는 것은 완성된 상태가 아니라 매일 새로 자신을 발견하는 행위에 가깝다. 그 과정에서 인간은 비로소 자유를 배운다. 너 자신이 되라는 말은 남과 다르게 살라는 뜻이 아니다. 스스로의 이유로 살라는 뜻이다. 그 누구의 삶도 아닌 자기 자신의 인생을 살 때가 되지 않았는가. 세상이 옳다고 말하는 길이 너의 길이 아닐 수 있다. 타인의 평가, 세상의 기대, 살아온 환경. 이 모든 것을 제외한다면 지금 네가 가장 하고 싶은 것은 무엇인가? 너를 살아있게 만드는 것은 무엇인가?

72

"괴물과 싸우는 자는
자신이 괴물이 되지 않도록 조심해야 한다."

 세상을 살아가다 보면 싸워야 할 때가 있다. 나를 해하려는 사람부터 너무나 옳지 못한 기준, 악인, 정의, 그리고 나 자신까지 분명 싸워야 하는 순간이 있다. 하지만 어떤 것과 싸울 때 명심해야 하는 사실이 있다. 괴물과 싸우는 자는 자신이 괴물이 되지 않도록 조심해야 한다. 괴물과 싸운다는 것은 어둠 속으로 내려가는 일이다. 그 어둠에 오래 머무르면 눈은 어둠에 익숙해진다. 어느새 자신이 그 어둠의 일부가 되어 있음을 깨닫는다. 자신이 싸우는 대상에 의해 자신을 규정하면 안 된다. 인간은 언제나 자신이 미워하는 것과 닮아가기에 내가 가장 괴물이라고 여기는 그 사람, 그 환경, 그 생각을 나도 모르게 닮아갈 수 있다. 인간은 악을 증오하면서도 그 악의 힘을 부러워한다. 악의 파괴력, 지배력, 자유는 은밀한 동경이 된다. 그래서 악을 응징한다는 명목으로 그 힘을 빌려 쓰기 시작한다. 그 순간 더 이상 선을 위해 싸우는 것이 아니다. 단지 다른 방향으로 악을 행사할 뿐이다. 악을 부정하려다 결국 악을 모방하게 되는 것이 인간의 가장 흔한 타락이다.

진짜 정의는 증오가 아니라 절제 속에 있다. 악을 미워하면서도 그 미움에 휘둘리지 않는 것. 그 미움 속에서도 인간을 잃지 않는 것. 싸워야 할 때는 싸워라. 그러나 그 싸움이 나의 본성이 되어서는 안 된다. 괴물은 외부에 있지 않고 언제나 내 안에 있다. 내가 분노할 때 눈을 뜨고 내가 확신할 때 웃는다. 악과 싸우면서도 악을 닮지 않아야 한다. 나의 싸움이 나를 타락시켜서는 안 된다. 인간은 자신이 미워하는 것을 닮아간다.

73

"나를 죽이지 못하는 고통은
나를 더 강하게 만든다."

고통은 공평한가, 불공평한가. 이분법적으로 나눈다면 당연히 불공평한 것이 된다. 누군가는 쉽게 견디고 누군가는 같은 상처에도 무너진다. 대부분 사람들은 고통의 크기 때문에 그런 차이가 발생한다고 생각한다. 그러나 고통의 크기란 지극히 주관적인 것이다. 인간이 고통을 마주했을 때 무너지는 사람과 무너지지 않는 사람의 차이는 고통을 어떻게 다루는가에 따라 나뉜다.

인간은 누구나 고통을 싫어하지만 고통이 없는 삶은 성장이 멈춘 삶이다. 그렇기에 우리가 배워야 하는 것은 고통을 없애는 것이 아니라 고통을 나의 힘으로 바꾸는 법이다. 내 주변에 있는 사람들의 본모습을 본 적이 있는가? 내가 나의 진짜 본모습을 본 적이 있는가? 아마 그런 적이 있다면 그건 분명 평온한 날이 아닐 것이다. 더는 물러설 수 없다고 느껴질 만큼 절벽 위에 서 있는데 그 와중에도 비바람이 거칠게 몰아칠 만큼 큰 고통 속에서 진정한 모습을 발견했을 것이다. 고통은 가면을 벗긴다. 꾸며진 도덕, 위로의 언어, 겉치레 따위는 모두 지워버린다. 고통은 인간의 중심을 흔든다. 그 흔들림은 괴롭지만 동시에 새로운 균형을 만든다. 상처를 입은 나무가 더 단단한 나이테를 남기듯이 고통을 통과한 인간은 이전보다 더 깊고 조용한 강함을 품는다.

삶이 던지는 고통의 종류는 다양하다. 사람의 상처, 인간관계의 배신, 실패의 좌절, 자기 자신에 대한 실망. 이 모든 것은 나를 깎아내리지만 동시에 다듬는다. 고통은 흙처럼 거칠지만 그 흙으로 인간은 스스로를 빚는다. 고통을 재료로 삼아 자기 형태를 바꾼다. 고통은 늘 두 얼굴을 할 것이다. 한쪽은 절망이고 다른 한쪽은 힘이다. 절망을 손잡으면 내가 무너지지만 힘을 손잡으면 내 안으로 깊이 끌어당겨 에너지로 사용하게 된다. 결국 진정한 강함이란 상처 없는 완전함이 아니라 상처를 견딘 뒤에도 여전히 살아가려는 의지의 지속이다. 그 지속이야말로 인간이 삶에 패배하지 않는 유일한 방법이다. 지난 삶을 되돌아보라. 죽을 것처럼 괴롭던 시간도 결국 지나가지 않았는가? 한 치 앞도 볼 수 없을 만큼 괴로운 시간을 건너고 나서야 이해되기 시작한 인생의 진실들이 있지 않은가? 고통은 벌이 아니라 인간을 단련시키는 시간이다. 나를 죽이지 못하는 고통은 나를 더 강하게 만들 뿐이다.

74

"모든 위대한 사상은 걸으면서 떠오른다."

사람은 멈춰 있을 때 생각한다고 믿는다. 하지만 생각은 정지 속에서가 아니라 움직임 속에서 자란다. 사유란 책상 위의 노동이 아니라 몸의 리듬과 함께 피어나는 생명의 작용이다. 앉아서는 좋은 생각이 떠오르지 않는다. 걸어야 좋은 생각이 떠오른다.

걷는다는 것은 단순히 발을 옮기는 일이 아니다. 세상과 다시 연결되는 행위다. 발이 땅을 딛고 바람이 얼굴을 스치며 몸이 리듬을 얻는 순간, 생각도 함께 흐르기 시작한다. 그 리듬 속에서 사유는 굳어 있던 논리를 벗어나 자유로워진다. 머리가 아니라 몸 전체가 생각하기 시작한다. 몸이 굳어 있으면 생각도 닫힌 회로 안을 돈다. 같은 질문을 반복하고 같은 결론으로 돌아간다. 그러나 밖으로 나가 걷기 시작하는 순간 시선이 바뀌고 공기가 달라진다. 그 변화는 생각의 방향을 미묘하게 흔든다. 걷는다는 것은 공간을 이동하는 일인 동시에 사유의 각도를 틀어보는 일이다. 위대한 사상가들은 고독한 산책자다. 생각이 살아있으려면 몸이 살아 있어야 한다.

걷는다는 것은 자기 생각과 거리를 두는 일이다. 사람은 멈춰 있을 때 생각과 하나가 되어 그 생각에 갇힌다. 하지만 걷는 순간 생각은 자신에게서 떨어져 나와 공기 속에서 굴러다닌다. 그때 비로소 인간은 자기 생각을 객관적으로 바라볼 수 있으며 걸으면서 생기는 그 거리가 사유의 명료함을 만든다. 걷는다는 것은 세상과의 관계를 다시 배우는 일이다. 길 위에서 사람은 자연과 마주하고 자신의 속도와 세상의 속도를 비교한다. 걷는다는 것은 말없이 사유한다는 것이다. 발걸음이 일정한 속도를 유지할 때 그 속도 안에서 마음의 결이 정리된다. 분노가 가라앉고, 두려움이 희미해지고 생각은 점점 단순해진다. 걷는 것은 곧 생각을 치유하는 행위다. 생각이 복잡하다면 걸어야 한다. 같은 생각만 계속 떠오르고 같은 결론만 떠오른다면 역시 걸어야 한다. 생각이 막히면 발을 움직여라. 그럼 길이 보인다.

75

"사람은 기억보다 망각 덕분에 살아간다."

기억을 잘하는 것은 자랑으로 여겨진다. 많이 기억할수록 지혜롭다 믿기에 잊는다는 것은 어떤 결함처럼 느껴진다. 그러나 인간은 기억보다 망각 덕분에 살아간다. 기억은 인간을 단단하게 만들지만 망각은 인간을 다시 살아가게 만든다. 너무 많은 기억은 인간을 움직이지 못하게 만든다. 과거 기억의 잔해 속에서 길을 잃는다. 아무리 단단한 마음도 모든 상처를 끝까지 기억한다면 결국 부서진다. 아무리 지혜로운 사람도 과거의 모든 실패를 끝까지 기억한다면 결국 약해진다. 잊는다는 것은 무관심이 아니라 자기를 보호하는 지혜의 한 방법이다. 망각은 마음의 회복을 위한 생리적인 장치다. 상처를 잊을 줄 모르는 사람은 결국 상처의 포로가 된다. 망각이 정신의 근육인 셈이다.

상처를 복기하며 자신에게 몹쓸 짓을 한 적이 없는가? 이미 끝난 시간 속에서 썩어간 적이 없는가? 다시 시작할 수 없고 바꿀 수 없는 과거와 지금의 나를 비교하지는 않았는가? 너무 오래 기억하는 사람은 과거의 노예가 된다. 책임을 다했다면 놓아야 하고 이미 지나간 시간이라면 보내줘야 한다. 그래야 다시 걸을 수 있고 다시 살아갈 수 있다. 잊는다는 것은 더 큰 전체를 보기 위해 부분을 포기하는 일이다. 인간이 매일 아침 새로 시작할 수 있는 이유는 전날의 기억을 조금은 잊었기 때문이다. 모든 아침은 망각의 선물이다. 어제의 실패, 모욕, 후회를 완전히 끌어안은 채 일어날 수 있는 사람은 없다. 망각은 의지보다 앞서 있는 생명의 본능이다. 그 본능이 없다면 인간은 단 한 번의 패배로도 무너진다. 인간은 모든 것을 기억하지 않음으로써 살아갈 수 있다. 잊어야 할 것은 잊어라. 잊을 줄 아는 것을 잊는 것도 나를 지키는 지혜다.

―――― 76 ――――

"자존심은 진실보다 더 달콤하다."

사람은 무엇으로 사는가. 욕망, 의지, 결핍, 돈, 사랑, 먹을 것, 권력. 인간은 다양한 이유로 살아가지만 어떤 사람들은 자존심으로 삶을 살아간다. 자존심이 무너지면 마음이 휘청하기에 그걸 지키기 위해 스스로를 끊임없이 속이면서 산다. 실패해도 괜찮다. 그저 운이 나빴을 뿐이지 나는 틀리지 않았다는 말로 스스로를 위로하며 살아가는 것이다.

사람은 자신을 속이는 능력이 뛰어난 동물이다. 진실은 고통을 수반하기에 현실을 직시하면 상처받고 자신의 한계를 마주하면 부끄럽다. 그래서 사람은 자존심이라는 방패를 앞에 세우고 그 방패 뒤에서 안락함을 느끼며 산다. 진짜 문제는 자존심을 방패로 삼고 사는 것이 아니라 그 자존심을 지키기 위해 진실을 외면하는 습관이다. 인간은 자신이 틀렸다는 걸 알면서도 인정하지 않는다. 실패의 원인을 겸허히 받아들이기보다 합리화를 선택하고 비판을 들으면 반성보다 변명을 먼저 준비한다. 그게 자존심을 지키는 가장 빠른 방법이기 때문이다.

자존심은 달콤하다. 그 달콤함은 현실을 잠시 잊게 하지만 결국 그 달콤함에 중독된 사람은 스스로를 속이며 살아가기에 절대 발전하지 않는다. 성장은 불편함을 통과해야만 가능한 일이다. 자존심으로 스스로를 위로하면서 불편함을 피하는데 과연 그 사람이 자신의 현재 위치를 벗어날 수 있겠는가? 자존심이 강한 사람은 스스로도 속인다. 자신이 틀릴 수 있다는 가능성조차 받아들이지 않기에 배울 수가 없다. 자기 자신에게는 가장 불성실한 사람이 되는 것이다. 그 거짓말이 쌓여 결국 현실감각을 잃는다.

무엇이 두려운가? 비난받는 것이 그렇게 두려운가? 실패했다는 사실을 받아들이는 것이 부끄러운가? 모든 부끄러움은 그저 찰나일 뿐이다. 진짜 용기는 진실 앞에서 자존심을 내려놓는 것이다. 자신의 부족함을 인정하는 것. 실패를 합리화하지 않는 것. 스스로를 미화하지 않는 것. 이 모든 것은 수치스러움이 아니라 성장의 시작이다. 자존심을 내려놓아야 현실을 받아들이는 힘이 생기고 현실을 받아들여야 변화가 시작된다. 진실은 불편하고 자존심은 편안하다. 그러나 편안함 속에서는 아무것도 변하지 않는다. 스스로에게 냉정해질 수 있을 때만 인간은 조금씩 나아진다. 너 자신에게 정직하라. 그것이 위대한 자의 시작이다.

77

"삶을 사랑하라. 그것이 고통이라 할지라도."

행복하다면 살아도 좋고 뜻대로 된다면 세상을 사랑할 수 있다며 인간은 언제나 조건을 단다. 어떤 환경, 어떤 조건이 달성되어야 삶이 의미 있다고 믿는다. 그리고 그런 조건의 대부분은 나에게 도움이 되는 것들이다. 삶은 절대 계획대로 흐르지 않지만 인간은 언제나 긍정적인 조건을 세운다.

우리는 끊임없이 원치 않는 일과 마주하고 피할 수 없는 운명 속에서 흔들린다. 운명애란, 주어진 삶을 교정하려는 태도를 버리고 그 자체를 그대로 받아들이는 용기다. 좋은 것만 사랑하는 것이 아니라 상처, 실패, 좌절, 고통같이 부정적으로 여겨지는 의미들도 사랑하는 것이다. 고통이 사라진 삶을 사랑하는 것은 쉽다. 온통 아름답고 행복하고 풍족한데 누가 그 삶을 사랑하지 않겠는가? 그러나 고통이 있는 그대로의 삶을 사랑하는 일은 어렵다. 나에게 일어난 모든 것을 바꾸지 않고도 그대로 사랑할 수 있겠는가?

나에게 주어진 고통까지도 사랑한다는 것은 체념이 아니다. 적극적인 긍정이다. 이것은 나에게 일어나서는 안 되는 일이 아니라고 생각하는 것이 아니라 그 일이 일어났다면 나에게 필요한 일이었을 것이라고 생각하는 것이다. 이 차이는 작게 느껴질 수 있지만 인생 전체를 바꿀 만큼 거대한 태도다. 삶은 항상 불완전하고 때로는 잔인하지만 그것을 통해 내가 깊어진다고 생각하는 것은 진정으로 위대한 인간만이 가질 수 있는 마음가짐이다.

삶을 사랑한다는 것은 결과를 사랑하는 것이 아니라 과정을 사랑하는 일이다. 완성된 그림이 아니라 지워지고 다시 그려지는 선의 흔들림을 사랑하는 일이다. 나는 삶이 고통스럽다는 것을 절대 부정하지 않는다. 다만 그 고통이 삶의 일부라는 사실을 받아들이라는 것이다. 고통을 제거하면 삶이 무슨 의미가 있겠는가. 비에 젖은 날, 실패한 날, 사랑이 식어버린 날, 가장 가까웠던 것에게 상처를 받은 날, 그 모든 순간에 그래도 나는 이 삶을 원한다고 말할 수 있을 때 진정으로 자유로워진다.

진정한 자유는 세상을 바꾸는 힘이 아니라 세상을 있는 그대로 받아들이는 힘이다. 삶은 완성되지 않아도 충분히 사랑할 수 있다. 그 사랑은 행복의 대가로 얻는 것이 아니라 삶 자체를 긍정하는 의지에서 비롯된다. 아무리 고통스러워도 그 고통은 삶의 일부다. 삶을 거스르지 말라. 삶을 바꾸려 하지 말라. 그것이 고통이라 할지라도 그 고통 속에서 삶을 사랑하라. 사랑할 수 없는 순간까지 사랑하는 것이 삶이다.

ⓒ 김철 2025

초판 발행일 | 2025년 10월 29일

지 은 이 | 프리드리히 니체
펴 낸 이 | 김철
마 케 팅 | 강진석 서예린 홍승현
펴 낸 곳 | 도서출판 히웃
출 판 등 록 | 2020년 4월 28일 제 2020-000109호
전 자 우 편 | heeeutbooks@naver.com

I S B N | 979-11-92559-10-0

*이 책의 판권은 저자와 히웃에 있습니다.
*이 책 내용의 전부 또는 일부를 재사용하려면 반드시 양측의 동의를 받아야 합니다.